A Poética do Desmascaramento
Os Caminhos da Cura

Dados Internacionais de Catalogação na Publicação (CIP)
(Câmara Brasileira do Livro, SP, Brasil)

Buchbinder, Mario J.
    A poética do desmascaramento : os caminhos da cura / Mario J.
Buchbinder ; I tradução Maria Lucia Garcia Cavinato I. -- São Paulo
: Ágora, 1996.

    Título original: Poética del desenmascaramiento : caminos de la
cura
    Bibliografia.
    ISBN 85-7183-514-4

    1. Mascaramento (Psicologia) 2. Psicodrama 3. Psicoterapia de
grupo I. Título.

96-3115   CDD-616.89152

Índices para catálogo sistemático:

1. Desmascaramento : Psicoterapia de grupo : Medicina 616.89152
2. Máscaras : Técnica : Psicoterapia de grupo : Medicina 616.89152

A Poética do Desmascaramento
Os Caminhos da Cura

MARIO J. BUCHBINDER

AGORA

Do original em castelhano
Poética del desenmascaramiento-Caminos de la cura
Copyrigth © 1993 by Editorial Planeta SAIC

Tradução:
Maria Lucia G. Cavinato

Capa:
Carlo Zuffellato
Paulo Humberto Almeida

Proibida a reprodução total ou parcial
deste livro, por qualquer meio e sistema,
sem o prévio consentimento da Editora.

EDITORA AFILIADA

Todos os direitos reservados pela
  Editora Ágora Ltda.
Rua Itapicuru, 613 - cj. 82
05006-000 — São Paulo, SP
Telefone: (011) 871-4569

*A Elina,
companheira de histórias
e amanheceres.*

A Natalia Wybert e a Violeta Buchbinder que colaboraram arduamente, corrigindo e datilografando.

A Maria Elena Pruden, Guillermo Sabanes e Nancy Odiard que participaram na correção do estilo.

A Andrés Buchbinder com quem compartilhei desafios.

A Susana Nucenovich, Pablo Runa, Violeta Buchbinder, Raquel Guido, Ariel Dyzenchavz que posaram paciente e ativamente para serem fotografados.

Sumário

Prefácio	11
Guia para o leitor	15

CAPÍTULO I
APROXIMAÇÕES DE UMA POÉTICA

Poética e realidade na neurose	19
O livro de areia	29
Carta sobre a poética I	31
Carta sobre a poética II	34
As máscaras	36

CAPÍTULO II
MÁSCARAS, GRUPO, PSICODRAMA, CORPO, TRABALHO EM LUGARES SIMULTÂNEOS

Corpo, psicodrama e psicoterapia de grupo	39
Nexos: Grupo	50
Reportagem sobre trabalho em lugares simultâneos	52
Trabalho em lugares simultâneos e estrutura carnavalesca	59
Tchekhov: O poder da ordem ou a ordem do poder	70
O que é o salão?	72

CAPÍTULO III
O CORPO DA IMAGEM

Presença do corporal	75
O espelho	78
A odisséia do corpo	81
Visualização	83
A queda	84
Mapa fantasmático corporal	87
Quebra-cabeças do corpo e dos órgãos internos	89
Corpo e psicanálise	93

Corpo, território cênico 97
O corpo da imagem 99
A máscara verde 101
O velho e o menino 102
A Vênus do riacho 105

CAPÍTULO IV
CENAS

Recordar 109
Os cenários das máscaras no psicodrama individual 110
O tecer de Penélope 118
Cenas 119
Nexos: Psicanálise e semiótica 132
Cenas da psicanálise 133
Psicoterapia de artifícios 143
Nexos: O drama da psique 145

CAPÍTULO V
JOGO

Máscara e jogo 149
Jogo e psicodrama 152
O jogo como poética do grupal 159
Boneca 164

CAPÍTULO VI
FORMAÇÃO E IDENTIDADE

Formação e identidade 169

CAPÍTULO VII
MÁSCARA, CENÁRIO E O TEATRAL

Teatro de máscaras 183
"Estampas" 186
Cerimônia e estampa 189
Diante da iminência da estréia 191
Comentários e textos que rodeiam "Estampas" 194
Qual é a estética de "Estampas" 196
Mascarada 198

CAPÍTULO VIII
FAMÍLIA

Família, máscaras e cenas 203
Tese, hipóteses, máscara sobre o familiar 208

CAPÍTULO IX
PALAVRAS E MÁSCARAS

Nexos: Adolescência 213
Criatividade e máscaras em grupos de adolescentes 214
Máscaras hoje; as máscaras na cultura 220
Conheço-te, mascarazinha 223
Primeira jornada sobre o corporal e o psicodramático 226
Bibliografia 229

Prefácio

Os caminhos da poética são variados. Não há um caminho único, nem um principal. Os diferentes capítulos deste livro o vão construindo, e o primeiro tenta explicar, esboçar, seus fundamentos.

O interesse pelas problemáticas do estilo do paciente, do terapeuta e dos coordenadores de grupo em geral, a relação palavra-corpo, a participação dos vários assuntos na psicoterapia, o lugar destinado ao sintoma e a ética do terapeuta foi o que me levou a tratar o tema da poética. Especialmente no que se refere à escuta do terapeuta. De que posição se escuta o outro que se faz presente no consultório? A escuta deve restringir-se ao dizer do outro, deve dar-lhe um padrão teórico geral ou deve-se dialogar com quem o consulta? Minha poética parte do trabalho com as máscaras, com a função de desmascarar, de propulsar o enigma no lugar das certezas.

Este livro foi se transformando em testemunho.

Os trabalhos que o compõem foram se acumulando num período de 12 anos e foram retrabalhados nos últimos três. Alguns foram apresentados em congressos e mesas-redondas; três foram publicados, dentre eles, os do Congresso Internacional de Psicoterapia de Grupo, em Zagreb, em 1986; outros foram publicados em revistas científicas e de divulgação.

No livro *La máscara de las máscaras* (1980), desenvolvo pela primeira vez, de modo sistemático, a modalidade do trabalho com máscaras.

A estrutura deste livro surgiu a partir de várias conferências, sob título "Poética e Realidade na Neurose no final do século XX", que fui apresentando em vários locais, na Argentina e no mundo. (O viés geográfico pela inclusão no título da palavra "caminhos" não é insignificante.) Em uma dessas conferências afirmei que esse título mostrava novamente minhas elaborações teóricas e práticas. De fato, reformulei minhas teorizações e tratei de investigar tanto a poética do paciente como a do terapeuta.

A poética permitiu incluir com certa harmonia aspectos de minha investigação artística, especialmente em nível teatral.

Esta poética mostra a relação entre palavra e corpo, cena, texto, personagens, catarse, o apolíneo, o dionisíaco...

Conservo como idéia a estrutura formal de um livro de teses, considerando-o como a explanação mais ou menos ordenada de determinado autor.

Mas, assim como as teorias podem ser ficcionalizadas, as ficções podem ser teorizadas reafirmando a possibilidade de jogo entre o teórico e o ficcional. O teórico tem, em si, algo de ficção, assim como na ficção podem-se construir determinadas teorias.

Os relatos dos pacientes e o que se escreve sobre eles podem-se considerar como cavalgando entre ambos os aspectos.

Essas considerações levaram-me a legitimar diante de mim mesmo a possibilidade de incluir neste livro textos com estruturas ficcionais e outros onde foram expostos aspectos de minha prática teatral. Isso poderia fazer supor um inconveniente, a perda da homogeneidade e da unidade interna. Meu projeto não tende à homogeneidade nem à uniformidade. Pretende dar lugar ao heterogêneo. Tem a ver com uma imagem do humano que realça as assimetrias, os diferentes planos de expressão, a pluralidade de vozes. Um homem não à imagem de Deus. Ou uma imagem diferente de Deus.

Possivelmente seja outra visão do mundo e da cultura. O que deve ficar de fora, excluído, como o não-belo, fica relativizado por quem o observa.

Alguns de meus textos possuem "núcleos duros" que os tornam pertencentes a um determinado gênero. Posso pensar em uma certa unidade pela contemporaneidade das buscas. Assim, as Mascaradas e os grupos terapêuticos com máscaras me levaram a escrever sobre a simultaneidade das cenas, a conceber o espetáculo *Estampas*, que traz impresso em si essa simultaneidade, e a incluir poemas que se relacionam com determinada visão a respeito do humano que impregna o que denomino de minha poética. À poética que os unifica posso dar o nome de "poética do heterogêneo".

O tema da simultaneidade de cenas está desenvolvido especialmente em "Trabalhos em lugares simultâneos e estrutura carnavalesca".

Não tomo partido em determinadas polêmicas que se dão no campo filosófico, artístico, estético, psicoterapêutico e psicanalítico. É uma forma de tomar partido. Muitas dessas discussões me parecem secundárias na elucidação da práxis que encaro neste trabalho.

A busca de pureza ideológica de alguns autores me parece enriquecedora como busca e como maneira de confrontar diferentes posições teóricas.

12

Mais do que tomar posição em algumas discussões, "interesso-me" por conceituações. Corro o risco da impureza. Prefiro-a ao dogmatismo. É uma metodologia da *collage* teórica, que me oferece operatividade no campo da práxis que pretendo esclarecer. Quisera enfrentar o terrorismo ideológico, irmão da autocensura, no esclarecimento das questões colocadas. Muitas vezes por questões epistemológicas, deixou-se de usar palavras que logo resultaram imprescindíveis, como por exemplo: expressão, indivíduo, pessoa. Não se pode apagar, de uma só vez, modalidades de pensamento, nem concepções que possam parecer metafísicas. Talvez o produtivo passe pela problemática dos conceitos.

O leitor encontrará capítulos ou parágrafos de maior complexidade teórica do que outros. Em parte eles se devem a problemáticas, com as quais me é imprescindível dialogar, relacionadas com semiótica, estética, psicanálise, filosofia etc. São diferentes campos teóricos que possibilitam graus de coerência e de explicitação de minha práxis.

Minha referência à psicanálise despreza suas vertentes dogmáticas e burocráticas, para captar o que existe de vivificante, questionador e desmascarante.

Não creio que seja uma virtude a maior ou menor complexidade de um texto. Talvez, esteja relacionado aos diálogos necessários para um autor em determinado momento.

Alguns parágrafos são explicitamente diálogos intertextuais com outros autores. "Explicitamente" porque em todo o livro dialogo com meus mestres, alunos, pacientes e, especialmente, com o leitor imaginário no momento em que escrevo. Outros textos levam a marca da influência teórica na qual me encontrava naquele momento ou a marca da prática ou do contexto no qual o trabalho era apresentado.

A prática com máscaras me leva a ver, como máscaras, algumas construções teóricas que aparecem como absolutas em outros campos.

Possivelmente, a verdade bem como a cura sejam caminhos.

No Capítulo II, correlaciono as problemáticas do corpo, as máscaras, o grupal, o psicodrama. Assim, a poética pelo desenvolvimento do trabalho vai se perfilando com as máscaras, com a temática da simultaneidade de cenas, com o trabalho em lugares simultâneos. Levo em conta a crítica à teoria do signo e incluo conceituações relacionadas com a semiótica e com a estrutura carnavalesca.

O Capítulo "O corpo da imagem" está centrado na problemática do corpo.

Procuro sair dos empirismos e do reducionismo em relação ao corpo como *res extensa* e tento entendê-lo como atravessado e conformado pela problemática da linguagem e pelo que permanece fora dele. Não existe uma essência do corpo, nem biológica nem da palavra. Tampouco o corpo é o reino da verdade.Talvez isso seja o conflitivo do corpo e difícil de ser apreendido.

No capítulos seguintes há artigos apresentados em diferentes ocasiões e situações, que tratam de temas que, de certo modo, são específicos e possuem a marca de diversas influências teóricas e ideológicas. Vão moldando explícita ou implicitamente o que denomino de *A poética do desmascaramento: os caminhos da cura.*

A poética do desmascaramento considera a complexidade do real. A fragmentação da representação da realidade exige um discurso plurívoco com lógicas que se entrecruzam, desde uma lógica aristotélica, binária, causal, até uma lógica simbólica, casual, poética. Discurso que possa analisar a realidade não apenas como o que já está constituído, mas também a que se constitui a partir do olhar do outro. Uma das metáforas mais contraditórias dessa poética está representada pelo telespectador fazendo *zapping.** Do ponto de vista "antropocêntrico", é a perda da unidade do discurso. Nesta poética é a busca de sentido a partir de outras narrativas. É a institucionalização da *collage* como forma de pensamento.

A máscara, em minha poética, se descentraliza da unilateralidade do discurso, da naturalização da imagem, e leva à busca desejosa e interminável, prazerosa e angustiante de outras imagens.

Há um vazio deixado pelo questionamento feito pela realidade e pela história sobre o discurso da modernidade. Vazio que se manifesta no nível das teorias que explicam o acontecer, tanto do imaginário social como das "ideologias" do sujeito. Não nos satisfazem certezas, neoconservadorismos de direita nem de esquerda, tampouco niilismos que decaem em busca de algo superior que substitua os "60" perdidos. A busca do espírito ou do espiritual não deve ficar confinada nem congelada em crenças totalizadoras ou em cultos a poderes sobrenaturais.

Não dão resposta à complexidade de enigmas que nos oferece a vertiginosidade deste final de século XX, a queda nos pragmatismos, empirismos que "solucionam tudo" em 24 horas, nem os dogmatismos que dão explicação onisciente, mas que se tornam alheios às problemáticas da realidade.

Valorizamos este espaço vazio como lugar de criatividade, como busca do impossível, como perspectiva de amanheceres desconhecidos.

---

* *Zapping* — Ato de percorrer rapidamente, com o controle remoto, os vários canais de televisão. (N.T.)

Guia para
o leitor

Soa descortês fazer um guia para o leitor. Parece tão discriminador quanto uma censura prévia. Como se ele não pudesse fazer seu próprio trajeto. Pode um escritor aceitar que seu livro não seja lido segundo a ordem em que foi produzido? Por que, então, sinto o impulso irrefreável de elaborar este guia? Um antecedente importante— guardando as distâncias, não poderia deixar de guardá-las — é o guia de Julio Cortázar em sua novela *Rayuela*. Como fazê-lo? Poderia ser: guia para um leitor desprevenido, para um afeito à filosofia, à telenovela, psicanalista ortodoxo, antipsicanalista, praticante do trabalho corporal, transpessoal, aqueles com Édipo não-resolvido, poetas, aqueles que leram Salgari e se lembram de Sandokan e dos Tugs, os que possuem a coleção do *El Gráfico*, os lacanianos, os roqueiros, os que tomam florais de Bach, os smithsonianos, os telespectadores de Susana Giménez,* os bostonianos, os organicistas, os astrólogos, os amantes de Woody Allen, os nostálgicos de 45 ou de uma relação paterno-filial ou, ao contrário, mulheres fálicas ou infantis, os vegetarianos, adeptos do própolis, menores de trinta etc. A lista continua e me obriga a fazer uma classificação que vai além dos objetivos deste livro.

Opto pelo seguinte guia possível, que não inclui todos os textos:

Epígrafres: pp. 19, 34, 59, 60, 70, 75, 78, 83, 87, 89, 97, 119.

Textos mais ou menos literários, ficcionais: pp. 36, 84, 101, 102, 105, 164.

---

* Programa muito popular de entretenimento semelhante ao de Hebe Camargo. (N. T.)

Fundamentos teóricos, segundo um grau crescente de complexidade:

GRAU 1: pp. 29, 52, 70, 75, 149, 152, 183, 214, 220.
GRAU 2: pp. 19, 29, 34, 39, 110, 143, 159, 169, 203.
GRAU 3: pp. 132, 133, 139, 162, 208.

Relatórios de situações clínicas: pp. 21, 25, 26, 53, 60, 114, 119, 172.

I
Aproximações de uma poética

Poética e realidade na neurose

AS MÁSCARAS COMO CAMINHO*

As palavras se movem, a música se move
só no tempo; e o que vive só,
só pode morrer.
As palavras, depois de haver falado entram em silêncio.
Unicamente por meio da forma, do desenho,
a música ou as vozes conseguem a quietude,
como se move um jarro chinês imóvel
perpetuamente na imobilidade.[1]

T. S. ELIOT

INTRODUÇÃO

Roland Barthes dizia que não há por que ler de forma unidirecional; Julio Cortázar dava um guia possível para se internar no labirinto de *Rayuela*. Algo semelhante ocorreu comigo quando encontrei um título para este trabalho. Produziram-se reverberações sobre a significação do poético, entremeadas de texturas que me levaram a revisar parte das minhas buscas teóricas e estéticas.

Talvez o efeito que este título produziu em minhas conceituações tenha sido o mesmo que a palavra poética suscita na linguagem; questiona, subverte e retraça o significado.

De todos os modos, não me proponho a me centrar no tema da poesia. Vou me referir a certo trajeto cujo ponto de partida foi a definição de seu título. Incluirei exemplos de grupos de formação onde, ao mesmo tempo em que se utilizam técnicas relacionadas com o corporal, o psicodrama e as máscaras, investiga-se a identidade profissional e, especificamente, as cenas do profissional.

TEMPORALIDADE

Uma temporalidade particular define a neurose na última década do século XX; encruzilhada de um mundo exuberante em sua moder-

---

* Este texto foi elaborado a partir de conferências sob o mesmo título na Sociedade Gestáltica de Buenos Aires, na biblioteca Rayuela, em Córdoba, Argentina, e no Instituto Cor En Dins, Majorca, Espanha.

nidade e pós-modernidade, por sua vez respingado pelo subdesenvolvimento e pela dependência. Se a realidade define os limites da possibilidade de expressão do humano, o poético dá conta de sua transgressão.

POÉTICA

A poética abre-se para possíveis caminhos. Apontarei, em particular, articulações que marcam pontos conscientes ou inconscientes de detenção na prática psicoterapêutica, a da coordenação grupal e da prática cultural em geral. A relação da palavra com o indizível, representação, corpo, poesia, dramático, catarse, cenas, personagens, texto, estruturação e desestruturação, o apolíneo e o dionisíaco, o discurso a uma só voz e a pluridade de vozes são problemáticas imprescindíveis para a prática psicoterapêutica.

SEGUNDO COMEÇO

O segundo começo, o da poética, é um novo caminho que se abre em meu trabalho de reflexão; é um caminho recém-iniciado onde existem algumas certezas e muitas interrogações.

Atrevo-me a expor este tema pensando que, se bem colocadas, as interrogações, muitas vezes, possibilitam iluminações. Isto nem sempre acontece com as certezas que, ao quererem fundamentar a verdade de uma teoria, mais a obscurecem, fornecendo pontos de identificação para nos protegerem do desconhecido.

No caminho assim iniciado confluem múltiplas sendas, e nelas é possível encontrar essências que não estejam fora da existência. Isto é, não estão fora da relação e do diálogo. Uma flor ao longo de uma senda poderá ser valorizada conforme o diálogo que com ela estabelecemos.

Mas, o que são caminhos, sendas e flores?

Na neurose existem sintomas que parecem denegrir a pessoa; "o que não deve ser mostrado". Esse mesmo sintoma, colocado ao longo da senda, poderá ser uma flor; quando sai do discurso unívoco, quando sai de um determinado mito e se reinscreve em outra história, poderá ser elaborado e transformado.

TERCEIRO COMEÇO

É a segunda reunião do grupo de formação das quartas-feiras. É o papo inicial. Pedro faz uma brincadeira "ingênua e amável" com Sonia, que é filósofa. Diz a ela que dedicar-se à filosofia foi uma escolha narcisista, pois filosofar se relaciona com sonhar. Sonia e Elisa estão ingressando nesse dia no grupo. Comento que essas reuniões são de apresentação. Que todo o trabalho com máscaras é um trabalho de apresentação, mostrar as outras máscaras de uns e de outros, que se transformam com a observação do outro. Trabalhar com a identidade profissional é jogar com as máscaras.

Passamos ao trabalho corporal. Surgem os alongamentos. Escolho um disco ao acaso. Vangelis, "O homem desconhecido". Parece-me que essa é a primeira vez que vejo este título em um disco já conhecido. Alongamentos individuais e em dupla. Troco as luzes. As duplas mudam espontaneamente, formam-se grupos com número variado de integrantes. Termina o período de alongamento. Silêncio. É um momento pleno, de palavras não ditas. Proponho um provador de máscaras* em função do que aconteceu no trabalho corporal. Há uma consigna precisa, o provador de máscaras,[2] que, como o nome indica, consiste em se provarem as máscaras até se decidir por uma em particular.

Carlos, que na reunião anterior havia torcido um pé, trabalha com um personagem de três patas apoiando-se em um bastão e Ana lhe massageia o pé como se fosse o seu. O nome desse fenômeno é transitivismo, sentir o corpo do outro como se fosse o próprio, um fenômeno importante na conformação da imagem corporal, no jogo entre a imagem própria e a do outro, e na definição da imagem do grupo. Ana se conecta com uma folha de trepadeira, escolhe um máscara verde, trepa sobre Carlos, se enrosca e se desenrosca. Nos comentários aparece o tema de Romeu e Julieta. Joga-se o tema do amor, da morte, dos Montecchio e dos Capuleto.

Detenho-me em Sonia. Escolhe uma máscara, uma pele que transforma em gravata e uma carteira.[3] Percorre a sala sem se relacionar com os outros. Antonio brinca ruidosamente com dois panos. Um, o vermelho, na mão esquerda, para ele é a vida; o outro, na mão direita, é a morte. Sonia, muito impressionada na hora dos comentários, conta que sua personagem era a máscara e que por trás dela não havia nada, que sentiu um vazio muito grande. Uma personagem plana, como se houvesse perdido a tridimensionalidade. Há uma percepção do corpo e do corpo da personagem. Aparece um mapa fantasmático corporal (ver p. 87).

Sonia, devido à sua profissão e ao seu nome, havia dramatizado, em seu primeiro dia, sua apresentação, a problemática da sua identidade profissional, do ser, a máscara e o nada. Nada mais. Ao comentar algo sobre isso, ela explica que essa personagem foi feita sem nenhuma reflexão. É claro que não. Anos de trabalho reflexivo sobre a relação entre o ser e o nada que, segundo alguns, é a problemática essencial da filosofia, se encarnam nessa personagem dessa primeira reunião, e segunda para o grupo.

Associa essa personagem a uma pessoa que havia ficado louca e que em seguida morrera. Disse que este trabalho tocou-a muito fundo. Antonio toma os mesmos temas com certa leviandade, e se diverte com eles. Na reunião anterior, enquanto brincava com os panos, os outros haviam se retirado e ele se sentira mal porque somente pôde se conectar com este perder, vivido como um esvaziamento. Dessa vez, Antonio reconquista seu ser e não-ser com a direita e a esquerda.

Nessa reunião, brincar com as máscaras foi fazê-lo com o ser e o não-ser, o nada, a recuperação, a comédia, a tragédia, com um encarnar da palavra. Com o dar-lhe a palavra por meio do silêncio da personagem, a qual parece não ter lugar no seio da cultura.

Depois da reunião pego a valise verde para selecionar e guardar as máscaras que deverei levar em uma viagem ao interior do país. As máscaras nesse momento (parafraseando um grande cantor argentino) não me são indiferentes. Sinto um certo nervosismo.

É que não é por nada que não se pode compreender o ser humano se não com máscaras. Estas me envolvem, nos envolvem. Pergunto-me: por que este terceiro começo? Por que mais um outro começo? Relaciona-se com a palavra poética, que em seu dizer retraça a função da palavra, sua significação, suas origens, seus começos, sua relação com o corpo, a relação com a significação, com a forma e o conteúdo, com o significante e o significado que atravessam nossa linguagem e nos deixam atados a essa dissociação.

De que lugar Sonia diz que não fala a partir da reflexão? Por acaso isso não tem a ver com o corpo? O corpo, o vivencial, não tem a ver com a reflexão?

O POÉTICO

Entendo o poético como heterogêneo ao sentido e à significação. Essa heterogeneidade aparece nos sintomas da neurose e, cotidianamente, na linguagem pré-verbal, corporal; e também, é claro, na linguagem da arte.

O poético é a relação entre a poesia e o indizível, o semiótico, o pré-verbal.

As dimensões do dizível e do indizível, o mundo e a terra, se entrelaçam na prática psicoterapêutica. Há um preconceito intelectualista pelo qual tudo deveria ser explicado, e não se deveria deixar nada no lugar do indizível; e há um preconceito sensorial pelo qual tudo deveria ser deixado a cargo da sensação. Talvez esses dois preconceitos estejam vinculados a uma tradição metafísica, ocidental, onde de um lado está a percepção e, de outro, o significado. Muito da minha preocupação clínica no trabalho corporal, nas técnicas expressivas, no psicanalítico, no grupal e nas máscaras, relaciona-se a como gerar estruturas imaginárias para que o falido, o sintoma, o corporal, o inconsciente, possam ter seu lugar na sessão e na cultura em geral.

22

Julia Kristeva assinala uma diferença entre a função simbólica e a função semiótica da linguagem. Define *uma significação semiótica*, modalidade de significância que não é a do sentido, tampouco a da significação: "Na linguagem poética e também, embora de modo menos marcante, em toda a linguagem, existe um elemento heterogêneo em relação ao sentido e à significação". Essa heterogeneidade "se revela, geneticamente, no primeiro balbuciar da criança, na forma de ritmos e entoações anteriores aos primeiros fonemas, morfemas e frases. Esse elemento heterogêneo à significação é reativado no discurso psicótico, com ritmos, entonações, glosas que servem de suporte último àquele que fala, ameaçado pela destruição da função significante".

Martin Heidegger, em sua *Carta sobre o humanismo*, diz: "A palavra — a fala — é a casa do ser. Em sua morada habita o homem. Os pensadores e poetas são os vigias dessa morada. Seu vigiar é o consumar a aparência (manifestação) do ser, enquanto que eles, em seu dizer, dão a esta a palavra, a fazem falar, e a conservam na na fala". E agrega: "A poesia é o dizer do desvelamento do ente. A linguagem, neste caso, é o acontecimento daquele dizer em que nasce historicamente *o mundo de um povo, e a terra se conserva como o oculto*. O dizer projetante é aquele em que a preparação do dizível, ao mesmo tempo, traz o indizível como tal".

Também diz que toda a arte é em essência poesia, embora previna contra a arbitrariedade de reduzir arquitetura, escultura, música, à poesia. O papel da poesia é essencial, "é o dizer do desvelamento".

Assim se trata, em Heidegger, de uma correlação entre linguagem, poesia e verdade.

Esta correlação não é reducionista, já que, às demais artes, reserva espaços diferenciados no acesso à verdade.

Traça-se a relação entre o mundo e a terra, entendida esta última como o oculto, o indizível.

Nessa noção, a terra se vincula com aquilo que Kristeva assinala como semiótico.

Somos um diálogo, mas diálogo não concluído, impossível, onde à palavra, como ponte, unem-se outras manifestações do humano.

Gianni Vattimo (*O fim da modernidade, niilismo e hermenêutica na cultura pós-moderna*, Cap. 5, "Ornamento e monumento") destaca um "segundo" Heidegger, onde o acento é colocado no espacial, à diferença do primeiro, que acentua o temporal; "o aberto, a abertura" são os temas com que Heidegger designa a Verdade em seu sentido original.

O morar poético, como um fazer espaço, é um dispor lugares em relação à livre "vastidão do território".

Segundo Vattimo: "A escultura é colocada por obra da Verdade, enquanto acontecer de espaço autêntico, e esse acontecer é cabalmente o jogo entre localidade e território onde a escultura é melhor colocada no primeiro plano de uma nova ordenação espacial, e também como ponto de fuga para a livre vastidão do território".

O propósito e as tentativas para conceituar teoricamente minha prática clínica levaram-me à elaboração de determinada poética, entendendo por poética um modo particular de estruturação da fantasmática. Esta acepção coloca a poética no jogo do dizível/indizível, mundo/terra, semiótico/simbolizável.

ARISTÓTELES E A POÉTICA

Patrice Davis mostra que Aristóteles desenvolve, em sua *Poética*, especialmente, a partir da tragédia grega, os temas da representação e da catarse.

A representação nos permite considerar a cena, a mimese, as personagens, o texto, a questão histórica e ficcional, a máscara. A relação entre o que está presente e seus representantes. Esta pode chegar a ser um conjunto de categorias para entender a neurose, a sessão, o lugar do terapeuta.

Os terapeutas familiares se perguntam em que posição cada família coloca o terapeuta; Andolfi insiste em que a família o coloca imediatamente como personagem em determinado mito.

Então, em geral: em que cenas nós, terapeutas, nos colocamos. Do que nos disfarçamos? Que funções querem nos fazer representar? Aristóteles considera a catarse que se produz no espectador.

A catarse é um dos fundamentos da teoria de J. L. Moreno, que a atribui tanto ao ator da seção psicodramática como ao público. Chama-a de *ressonância*, seja no psicodrama público ou numa sessão grupal.

O conceito de catarse também aparece em toda a obra de Freud. Em seus princípios, a partir da observação dos tratamentos de Charcot, o *método catártico* supõe que a cura irá se dar a partir da catarse de determinadas lembranças. Depois, dá-se a passagem à associação livre e se propõe a questão da repetição dos sintomas.

Em 1904, em seu artigo "Personagens psicopáticos no teatro", Freud insiste no valor da catarse e do afetivo para a cura.

Possivelmente, a ressignificação de determinado conteúdo ideativo em uma fantasia ou em um mito seja tão importante quanto o compromisso afetivo e a catarse.

Nietzsche, na definição da tragédia grega, aponta dois pólos: o apolíneo tende a produzir imagens definidas, formas harmoniosas e estáveis que dão segurança; o dionisíaco é sensibilidade diante do caos da existência e, também, é a instigação a se submergir nesse caos.

Entendo que esses dois pólos estão presentes em toda a psicoterapia: a mobilização e a desestruturação remetem-nos ao dionisíaco; a reorganização e a estruturação nos relacionam com o apolíneo. Essa polaridade se acentua no trabalho com máscaras, porque a máscara produz um efeito de desmascaramento e facilita a conexão com outras máscaras.

EXEMPLIFICAÇÃO CLÍNICA: UM GRUPO DE FORMAÇÃO

Em uma reunião, durante um exercício com máscaras, uma terapeuta usa uma máscara de tecido, que tem uma cruz na frente. Diz logo que sentiu a cruz como se a tivesse na boca, relacionando o fato com sua dificuldade para falar. Pois ao falar, diz, mais do que se aproximar dos outros, se distancia. A cruz representaria a dificuldade dessa palavra de distanciamento, disjuntora, entre ela e o outro. Na reunião seguinte, a mesma terapeuta apresenta o caso de uma paciente em tratamento individual que se queixa de temores hipocondríacos muito intensos; faz referências a seus familiares mortos em Auschwitz. Ao representar a paciente, adota uma posição corporal em que se dobra sobre si mesma com as pernas e os braços cruzados.

Vários companheiros do grupo de formação desempenham alternativamente o papel do terapeuta: nesse papel, diante das queixas e da posição corporal, alguns tomam uma atitude aclaradora, perguntam com quem vive, quem a acompanha etc. Alguém com a máscara da cruz dramatiza um ato de exorcismo dos demônios e propõe representar uma cena com aqueles familiares em Auschwitz.

Aqui distinguimos dois tipos de intervenção. A primeira, aclaradora, procura definir, determinar o campo de realidade: aponta para o apolíneo. A outra, procura desmascarar a fantasmática, convida à submersão no caos fantasmático, catártico: é o dionisíaco.

Na psicoterapia com neuróticos, uma intervenção é tão importante quanto a outra.

Na segunda, trata-se de criar um espaço na sessão, para que o indizível, o que está alojado no corpo, possa conseguir uma estruturação dramática e, assim, poder se expressar. A máscara com a cruz, que na reunião anterior havia representado a dificuldade de aproximação dos outros, se transforma, possibilitando a aproximação dos demônios que aterrorizavam a paciente em seu corpo e em sua história familiar e social.

A cruz da máscara simbolizou a dificuldade para que a palavra de vazia se transformasse em plena. A máscara do terapeuta permitiu balizar em seu corpo, na boca, a dificuldade para a comunicação, para a verbalização. E essa mesma máscara permitiu-lhe exorcizar, conectar-se com os fantasmas persecutórios que a impediam de falar com a paciente.

Nessa dramatização, de acordo com Freud, o demoníaco nos remete ao que está além do princípio do prazer, além do organizado, nos remete ao repetitivo, à pulsação da morte.

Na máscara da cruz dá-se o entrecruzamento do histórico pessoal da paciente com a história coletiva do campo de concentração. Nela entram o religioso, o judaico-cristão e o mítico do símbolo em si.

Parece imprescindível que cada terapeuta defina sua própria poética, e, particularmente, perceba seus próprios pontos cegos, suas resistências; a cruz que arrasta, que arrastamos.

UMA MAQUILAGEM

Somente o falso pode alienar o verdadeiro, mas a maquilagem não é falsa, é mais falsa do que o falso (como o jogo dos travestis), e nele encontra um tipo de inocência, de transparência de absorção superior por sua própria superfície, reabsorção de toda sua expressão sem traço de sangue, sem traço de sentido (crueldade imediata e desafio), mas quem está alienado? Somente aqueles que não podem suportar essa perfeição cruel, e não podem defender-se senão com uma repulsão moral. Mas todos estão enganados. Móvel ou hierática, como responder à aparência pura, a não ser reconhecendo sua soberania? Tirar a maquilagem, arrancar esse véu, intimar as aparências a desaparecerem? Absurdo: é a utopia dos iconoclastas. Não há Deus por trás das imagens, e inclusive o nada que encobrem deve permanecer em segredo. A sedução, a fascinação, o resplendor "estético" de todos os grandes dispositivos imaginários reside nisso: no desaparecimento de toda a instância, seja a do rosto; o desaparecimento de toda a substância, seja a do desejo, na perfeição do signo artificial.

BAUDRILLARD, J.
Da sedução

Numa maquilagem (ver p. 41) realizada em um grupo de formação, Juan constrói a personagem de um pintor, Van Gogh, que chega a Paris. Executa uma maquilagem e depois faz um desenho e escreve um texto a partir do trabalho corporal e das dramatizações surgidas depois da maquilagem. Assim, aparecem no grupo, nos distintos relatos e desenhos, cascatas, pontes, uma personagem feminina que se chama Celeste, a loucura, os naipes...

Maquilar-se pode ser um modo de distanciar-se da ausência, do desespero, do nada; chegar a Paris, nascer, desprender-se, encontrar o proprioceptivo; o discurso como palavra que não cessa de dar conta, que não pode preencher esse vazio.

"Se a pintura clássica reproduz formas e a moderna as inventa, a pintura pós-moderna não deveria fazer nenhuma das duas coisas. Em lugar disso deveria tornar as forças visíveis." "O tempo da inércia, o som, as qualidades técnicas, em uma palavra, as forças que não são acessíveis ao olho, deveriam se fazer visíveis na pintura."

O que se faz visível na maquilagem é o que se torna difícil de representar: parece que o indizível adquire voz através da figuração.

26

"As forças — as linhas e cores da pintura — conferem energia ao olho, mais precisamente, criam o olho como órgão polivalente da superfície do corpo. O olho está no estômago, é auditivo, é tátil, está investido de uma série de forças não-visíveis que se tornaram visíveis nas formas" (ver Scott Lash em Casullo, N.).

É possível que a polivalência do olho permita potencializar a revelação, a produção da significação no corpo, no grupo. Pinta-se a partir da própria história, e alguém é pintado a partir do inconsciente, a partir do outro e a partir dos outros do grupo. A maquilagem poderia se entender como uma colagem grupal.

Os olhos, o impressionismo, a proibição, o futuro, a doçura, as pontes, a água e a natureza, o jogo, a boca que fala no jogo de naipes, a sexualidade, a loucura de viver, Celeste que é Rosa, Rosa que é Celeste: figuras e palavras que o grupo marca e pelas quais é marcado.

E a pintura resulta em uma maquilagem não-figurativa onde o grupo se expressa, não a partir de uma circulação centrada no sujeito, porém em um lugar descentralizado. Nem o grupo nem seu processo dão garantias de crescimento, de chegar a um meta adaptadora: oferecem um lugar de entrecruzamento e diferenciação.

O trabalho com a maquilagem se inscreve "não em uma estética da representação. O que conta não é o próprio objeto pintado, mas uma energética, uma fluidez do desejo (...) A arte moderna é, nesse sentido, fluxo; é a catarse múltipla, polimorficamente perversa, de objetos parciais da sexualidade infantil" (Casullo, N.).

Essa concepção do grupo, não-circular, permite um ruptura com a noção de representação entendida como adequação da palavra e da coisa, do relato e da história, para passar para um lugar de produção da significação em uma criatividade que não renegue os códigos. É um lugar de ruptura, de questionamento, assim como a poesia questiona o poder da ideologia inserida na linguagem. Questionamento do poder da representação, da observação, no lugar do olho, do que é corpóreo, do *mapa fantasmático corporal*.

O "outro" que se apresenta, ao mesmo tempo em que é comunicação inconsciente, deve se abrir a outras cenas do espaço dramático, a outras versões, independentemente do objetivo e da dramática do terapeuta, sob pena de convertê-lo no dramaturgo, demiurgo, sujeito ao suposto saber.

Quando *o ator* (o participante) permite outra versão, amplia e revisa uma poética; as diferentes versões o são tanto no conteúdo como nos modos expressivos. Aqui é possível incluir o psicodramático, as máscaras, o corporal, o plástico, o literário, o musical etc.

O emprego de recursos tão diversos não irá gerar um polimorfismo caótico? Ou, ao contrário, a multiplicidade de recursos pode facilitar ao paciente e ao terapeuta uma abertura para aquilo que estava excluído da comunicação. É conveniente que cada coordenador somente coordene aquilo que se sinta em condições.

NOTAS

1. *Word moves, music moves*
Only in time; but that which is only living
Can only die. Words, after speech, reach
Into the silence. Only by the form, the pattern,
Can words or music reach
The stillness, as a Chinese jar still
Moves perpetually in its stillness.
T. S. ELLIOT, *Quatro Quartetos.*

2. O provador de máscaras: ver bibliografia, *Temas grupales por autores argentinos* e/ou Matoso Elina.

3. Nos lugares de trabalho do Instituto há algumas máscaras penduradas nas paredes e também existem vários objetos à disposição: varas, bolas, tecidos, instrumentos musicais, aros, elementos para construção plástica, fantasias etc.

* Provador de máscares é uma expressão cunhada pelo autor. Pode significar o *lugar* onde se provam as máscaras ou o *ato* de experimentá-las. (N.E.)

O livro
de areia

Em *El libro de arena* (O livro de areia) Borges coloca em jogo uma poética através do "Livro dos Livros". O protagonista recebe a visita de um vendedor-ambulante de bíblias. "Ouvi uma batida na porta. Abri-a, e entrou um desconhecido. Era um homem alto, de traços imprecisos... Logo senti que era estrangeiro.

— Vendo bíblias — ele disse.

Desde o começo do conto, Borges afirma que isso é fantástico, mas verídico.

Um estranho de traços imprecisos, mas que permitem que seja reconhecido como estrangeiro. É uma dupla definição: o não-definido e o estrangeiro

Levava uma pequena ilustração, como é freqüente em dicionários: uma âncora desenhada com uma caneta, como pela desajeitada mão de uma criança.

Foi então que o desconhecido me disse:

— Olhe bem. Nunca mais a verá.

O que o protagonista vê como algo bem identificado não mais estará lá. É a identidade e a perda da mesma.

Havia uma ameaça na afirmação, mas não na voz.

"Fixei o local e fechei o livro. Abri-o logo em seguida. Em vão, procurei a figura da âncora, folha por folha."

A âncora como lugar de afirmação, como objeto em si com sua solidez e seu peso, como afirmação de um ponto no espaço, está perdida.

— Trata-se de uma versão das Escrituras em alguma língua industã, não é verdade?

— As Escrituras. A Escritura lembra o escritural em sua identidade, em sua história e no evanescente da mesma.

— Comprei-o em um povoado da planície em troca de umas rúpias, e da Bíblia. Seu dono não sabia ler. Suspeito que tenha visto um amuleto no Livro dos Livros. Era de uma casta inferior; não se poderia pisar em sua sombra sem ficar contaminado. Disse-me que seu livro se chamava Livro de Areia, porque nem o livro nem a areia têm princípio nem fim. As rúpias e a Bíblia, neste caso, são objetos de troca.

A sombra, como o outro, o que não tem corpo, se corporifica contaminador como a peste.

Uma paciente que sentia-se perseguida examinou uma mesa que havia em seu *living* e encontrou no meio dela uma bolsa de areia. Perguntou-me se eu sabia por que poderiam ter colocado lá essa bolsa. Nela pude identificar o persecutório. Borges afirma que o livro e a areia não têm princípio nem fim, não têm possibilidade de serem marcados por uma cifra.

Por outro lado, mostra através do livro o entrecruzamento com outros, a problemática da intertextualidade. A sombra e o amuleto convidam também ao mistério.

"Não pode ser, mas *é*. O número de páginas desse livro é exatamente infinito. Nenhuma é a primeira, nenhuma, a última. Não sei por que estão numeradas desse modo arbitrário. Talvez para fazer entender que os finais de uma série infinita admitem qualquer número."

Depois, como se pensasse em voz alta:

— Se o espaço é infinito, estamos em qualquer ponto do espaço. Se o tempo é infinito, estamos em qualquer ponto do tempo.

Questiona a identidade textual modificando as coordenadas de espaço e tempo. O princípio e o fim sugerem o tema da origem, do destino e de sua evanescência. Opõe o livro da tradição judaico-cristã ao diabólico. O sagrado e o diabólico. Sagrado é o homem à imagem e semelhança de Deus.

"Pensei em guardar o Livro de Areia no nicho que Wiclif havia deixado, mas por fim optei por escondê-lo atrás de uns volumes desemparelhados de *As mil e uma noites.*"

Novamente, surge uma outra referência textual. Para não ser morta, Sherazade deveria contar suas histórias ao califa. Ao evitar a relação sexual poderia continuar viva, viva no texto...

"Deitei-me e não dormi. Às três ou quatro da manhã acendi a luz. Procurei o livro impossível, e virei as páginas. Em uma delas vi gravada uma máscara. No canto havia uma cifra, já não sei qual, elevada à nona potência."

Máscara como definição, mas ao mesmo tempo como perda dessa definição, como perda da cifra que determina. A máscara está no jogo da definição da identidade e da passagem a outra. *Identidade definida não como uma essência, mas pela inter-relação com o outro. Nesse sentido, o conto em algumas de suas páginas fala da perda da identidade entendida como essência.*

30

Carta sobre
a poética I

Caro Marcosedit:

Me propões que te escreva sobre estética e ato terapêutico.

Agradeço-te que me tenhas sugerido, pois eu diria que é meu tema de pesquisa, embora com outro nome. O título de uma conferência que dei em vários lugares é "Poética e realidade na neurose". O título de um livro prestes a surgir é *A poética do desmascaramento: Os caminhos da cura.*

Me perguntas por que poética e não estética.

A poética de Dostoievsky, a poética de Rubén Darío, a poética de Torre Nilson, a poética de Kandinsky. A que se refere o termo poética nessas quatro afirmações? Em princípio, no caso de Dostoievsky e de Rubén Darío, tomo o termo poética, *stricto sensu,* como análise literária. Quais são as estruturas formais que definem a obra desses escritores? Mas no caso de Torre Nilson e de Kandinsky, um diretor de cinema e um pintor, a poética refere-se às estruturas formais que definem a obra. Por que, então, poética e não estética? Não estaremos dando preferência à estrutura lingüística sobre a estrutura semiótica? Ou é um modo de relacioná-la com as análises contemporâneas da estrutura do discurso? Parece-me que é um modo de recuperar o termo "A Poética" de Aristóteles em seu livro homônimo, onde é feita uma análise da poesia, do teatro e da arte em geral. Assim, algumas categorias a se levar em conta desde Aristóteles até nossos dias: o texto, as personagens, a relação com o leitor, estilos literários, gêneros, metáfora e metonímia, texto escrito e texto representativo, cena, corpo, máscara, a ordem e o caos, o apolíneo e o dionisíaco, cenas simultâneas etc. Se retrocedermos mais na história e chegarmos a Heráclito via Heidegger, poderemos encontrar um conceito-chave para entender a arte contemporânea: a *aletheia,* cuja tradução lembra o desocultamento. O ocultar e o descobrir estão constantemente unidos. Heidegger mostra que a problemática da *aletheia* está no centro do problema da verdade. Ao descobrir-se algo, algo permanece oculto. Ao ocultar-se, algo se descobre. O valor da palavra poética se entrecruza traçando circuitos em relação ao silêncio.

Os circuitos e o silêncio definem a relação da realidade com o real. Essa relação se mostra na escuta, não somente na palavra. Espelho multifocal que não reflete somente a imagem e que tampouco apenas reflete, mas que produz inversões e composições que a respiração empana e transforma de reflexo de lua em luminosidade de sol.

Espelho não como lugar passivo, como tela de projeção, mas como recurso expressivo que contém o embrião de uma técnica e a ingênua envoltura do amor, que nos permite enfrentar a morte, não só a do outro, mas também a da imagem, opaca, que nos representa, talvez para nos encontrarmos com outra.

Percebes que na *aletheia* está implícito o tema da máscara, o mascaramento e o desmascaramento. Com o que estive trabalhando durante muitos anos por meio da máscara, "sem me dar conta", com a problemática da arte moderna ou com o problema da verdade. É realmente assim? Vou deixar essa pergunta ou afirmação para uma próxima carta onde deverei te explicar aspectos de minha práxis que lidam total ou tangencialmente com esses temas.

Como a poética se relaciona com o terapêutico? Relaciona-se com a identidade do terapeuta, com o que poderíamos chamar de ato terapêutico, com a identidade do paciente e com o contexto (onde está incluído o *setting*).

Refere-se à fantasmática e especialmente aos estilos colocados em jogo tanto pelo paciente como pelo terapeuta.

O destino é o estilo.

Há alguma relação entre os caminhos da cura e o tema da poética?

"Cura" de que ponto de vista? Entendida como o cuidado do ser diante da inautenticidade em escutar o que causa a angústia. "Por meio da angústia capta-se o mundo em sua mundanidade, o *Dasein*, que havia permanecido na autenticidade, capta a sua finitude, concebe-se como um ser para a morte" (J. Aleman, S. Larriera).

A poética tenta a escuta ao estilo do *Dasein*, do ser no mundo. A partir da etimologia da palavra, poética se relaciona com *poiesis* que significa produção. Produção de sentidos, de ato poético frente à presença do nada, do encontro com o real.

Nesse sentido, a poética na cura ressalta também o feito criativo como ato artístico, não como resultado, como produto artístico a ser degustado por um público "descomprometido", mas como relação transferencial, como ato de despojamento, como feito privado, de entrega, de relação com o outro, de *aletheia*.

O artístico pressupõe o público como origem. O privado colocado como objeto artístico, com determinada estrutura para sua apresentação em cena. No terapêutico, o público fica entre parênteses... embora no psicodrama moreniano o público represente um papel sumamente importante no feito terapêutico. No feito artístico o público nem sempre está presente, como, por exemplo, na produção poética. Assim como no terapêutico, muitas vezes o público está presente. O problema é complexo.

A poética ressalta, então, em primeiro lugar, a problemática do estilo, tanto do terapeuta quanto do paciente, e também o feito da criação artística. Ou seja, ação terapêutica como criação artística. O que a ação terapêutica tem de criação artística? Deveríamos, neste momento, tentar definir o que é criação artística. Deixarei para a próxima carta. Só gostaria de mencionar a problemática da criação *versus* a repetição na definição do artístico. Tomo a definição de Gadamer sobre a arte do ponto de vista antropológico, onde ele considera três pontos: a festa, o símbolo e o jogo.

Carta sobre
a poética II

A arte cabe em todas as atividades, revela-se no estado de ânimo com que as realizamos e resplandece na excelência da execução; que a atividade corresponda ou não a certa hierarquia preestabelecida tem pouca importância.

ADOLFO BIOY CASARES

Caro Jackobfruma:

Perguntas-me o que tem a poética a ver com a cura.

Há relação entre poética, cura e desmascaramento? Poética é um termo que ressalta mais do que a relação da arte com o belo, a relação com a produção. Mas, produção do quê? Da verdade, da significação, do desejo. É um termo que vem do grego, é mais antigo do que *estética,* que Baumgarten cunhou no século XVII.

Ao ressaltar a poética do paciente ressalta-se a produção da verdade em seus gestos cotidianos. Esses estão carregados de julgamentos de valor criados por si mesmo e/ou pelos outros. Ressaltar a poética de cada um é ressaltar a originalidade, a criatividade, a singularidade daquele que é desvalorizado pelo lado superegóico de cada um, da cultura e do sentido comum. Ao mesmo tempo, acentua o aspecto de diálogo re-socializante do discurso singular, a autenticidade, que está relacionada à cura. A poética tenta resgatar não só a semântica (conteúdos), como também a sintaxe (o estilo), o modo de comunicação mais rico de cada indivíduo.

Reivindico especialmente a poética do cotidiano. Aquela que transforma o rotineiro e o desprovido de sentido em feito criativo.

Aqui a poética é análise do estilo e, ao mesmo tempo, é poesia. É a transformação do ódio em amor e do amor em ódio. É a reivindicação da poesia das pequenas atitudes. A tomada de consciência da poética do terapeuta, da coerência lógica para a investigação apaixonada, desejosa da poética do paciente.[1]

Quando estou trabalhando com as máscaras, com o desmascarante destas, com a produção de significação das máscaras e das aparências, em busca dos significados ocultos, neste momento estou trabalhando com a poética como produção da verdade.

Possivelmente, nesta poética do cotidiano possa incluir-se o que em algum momento foi chamado, na época da ditadura, de cultura das catacumbas ou culturas alternativas. Também a prática, que se realiza em estúdios, oficinas, consultórios, às vezes evanescente, intranscendente ou transcendente, de produção de feitos estéticos onde o público é, freqüentemente, o mesmo participante. Por exemplo, nas oficinas de teatro, onde parece que em determinados anos há mais espectadores do que o público real que vai aos teatros na Argentina. É uma nova forma de espetáculo em que o público também participa. Tem uma dupla característica: o limitado desses circuitos, mas ao mesmo tempo o participativo e embrionário dessas novas formas do artístico.

Ao ressaltar a poética do cotidiano estou me referindo à rotina diária, desde o caminhar, respirar, trabalhar, cozinhar, amar etc.; são simples ações repetitivas e ao mesmo tempo têm um aspecto de criação, de desalienação.

Há produção poética em determinados momentos de uma seção individual quando a palavra dita supera o dizer do terapeuta ou do paciente, quando a dramatização surpreende com suas imagens, palavras ou movimentos. Há poética na torsão de um corpo, em um exercício corporal. Resgato a produção estética quanto ao seu valor terapêutico. Há instantes em que se sobrepõem. A interpretação, quando é verdadeira, é feito poético e terapêutico.

O terapeuta, em sua poética, deve levar em conta seu narcisismo, seu histrionismo, e deve poder, quando necessário, dar costas para o desejo do "fato artístico" e para seu desejo de ser admirado por suas palavras, por sua representação ou simplesmente por sua coordenação.

Vemos que existe uma relação completa entre a cura e o estético.

O estético na ação terapêutica.

O terapêutico na ação estética.

O artístico como modo de interpretar o mundo.

O antiterapêutico de um suposto feito artístico do terapeuta e/ou do paciente.

Em uma oficina, no meio de uma dramatização com máscaras centrada em uma protagonista que estava acocorada, com medo, esperando ajuda. Ao lhe ser pedido que fizesse um solilóquio sobre o papel, sobre a personagem, ela não aceita e comenta que está se sentindo mal, privando o grupo da sua encenação, do seu tempo. Contratransferencialmente, senti certa irritação e lhe propus que assumisse seu tempo. Está claro que ela estava julgando com os olhos dos outros. Mas seu comentário, no contexto de um grupo de formação, verbalizava o conflito do coordenador em relação ao estético, ao belo, à dramatização, se esta é aborrecida ou divertida e, por outro lado, verbalizava os tempos imprescindíveis para o processo de aprendizado e de elaboração.

NOTA

1. Sei que estás perguntando sobre a neutralidade do terapeuta. Não a descarto. Mas não existe neutralidade sem "interesse do terapeuta". Se não há desejo inconsciente, não há cura.

As máscaras

As máscaras,
reaparecem
como maldições,
Impedem de se desfrutar
a verdade prazerosa
da mesa familiar.
A máscara
é a não-verdade-verdade
maldita
que não deve ser vista.

II
Máscaras, grupo, psicodrama, corpo, trabalho em lugares simultâneos

Corpo, psicodrama
e psicoterapia de grupo[1]

Alguns pensam que quando se trabalha de modo psicodramático, o corpo não importa, e sim as personagens. Outros acham que quando se trabalha com o corpo, não se trabalha com a palavra. Outros, que trabalham em psicoterapia de grupo, dizem que nela utilizam a palavra e não o corpo, nem as dramatizações.

A prática clínica, independentemente da técnica utilizada, trabalha com o corpo, com personagens, com cenas e com palavras.

Mas de que corpo falamos?

Referimo-nos ao corpo erógeno, isto é, ao corpo das pulsões, do desejo, ao corpo marcado pela palavra do desejo.

Mediante o trabalho corporal, podem-se investigar os fantasmas "alojados" no corpo. É isso que nos permitirá construir o *mapa fantasmático corporal*, que são as constelações fantasmáticas localizadas em diversas partes do corpo.

Essas constelações podem nos levar às cenas.

Veremos como corpo, psicodrama e psicoterapia de grupo se sobrepõem.

O trabalho com máscaras realça a relação entre corpo, cena e palavra, questiona a imagem corporal, redefine a cena, a estrutura das personagens e as construções fantasmáticas grupais.

A máscara produz efeitos de desestruturação em quem a usa e também no grupo; produzem-se cenas com características particulares. No trabalho grupal psicodramático corporal, com a utilização de máscaras, não há somente um corpo, nem uma só cena, nem um indivíduo indiviso, embora entremos em conexão com a desestruturação; e ali nos encontramos com uma simultaneidade de lugares de produção de significação.

Como entender esses diferentes lugares, essa simultaneidade de produção significativa?

As considerações do ponto de vista psicanalítico sobre psicoterapia de grupo, psicodrama e corpo foram se modificando em relação à minha prática clínica e teórica. Essas considerações podem dividir-se em três momentos que não são excludentes entre si, mas foram se integrando paulatinamente.

Três momentos que por um lado é como se foi encarando historicamente minha prática clínica, mas que, por outro, também os considero como momentos no desenvolvimento de um grupo ou de uma seção. Chamo a esses três momentos:[2]

a) Psicodramático e corporal.

b) De trabalho com máscaras.

c) De trabalho em lugares simultâneos.

Pode ser excessivo utilizar um mesmo nome para designar momentos no trabalho pessoal e no desenvolvimento de uma sessão ou da história de um grupo.

O que me leva a utilizar essa denominação comum para processos tão diferentes é a definição e o diagnóstico existentes no momento A, o que tem de questionamento ou de desestruturação no momento B, e a potenciação dos fatores de desestruturação e estruturação no momento C.

Fui combinando a prática psicanalítica tradicional com o trabalho expressivo, corporal e com as máscaras, o que não me levou a renegar a psicanálise, mas a entendê-la e a praticá-la com determinados dinamismos.

MOMENTO A

O primeiro momento também pode ser o último, por isso chamo-o de *momento A*, sem numerar. É aquele no qual se define a realidade do lugar que cada paciente ocupa, o lugar físico, mas também qual o seu papel, o átomo social, a estrutura do grupo, a fantasia e o mito grupal, quais as palavras que definem o conflito, as fantasias, as cenas que o trazem ao grupo. É o momento de definição. Ao momento "A" dou o nome de momento psicodramático e corporal. Nele o importante é a espacialização dramática; a espacialização da imagem corporal no nível do plano corporal, a definição da imagem corporal; no plano grupal, a definição da imagem do grupo.

Predominam os elementos de elaboração secundária pelos quais o material psíquico é transformado em um material relativamente coerente e compreensível, e a cena aparece como representação do mito e da estrutura grupal.

MOMENTO B

Descrição dos diferente tipos de máscaras que utilizamos:[3]
1) Máscara neutra.
2) Máscara personagem.
3) Maquilagem.

1) *Máscara neutra*. É um tipo de máscara confeccionada em tecido elástico de cores variadas que tira a precisão da expressão, cobre toda a cabeça, e quem a usa pode ver e ser visto de forma bastante difusa. Em algumas pessoas surgem sensações que se conectam com fantasias regressivas; os movimentos que fazem são circulares, como se boiassem de maneira fetal "para dentro", mergulhando. Busca-se o apoio, o limite ou a proteção do chão ou da parede. Em tal clima onírico aumenta-se a produção de fantasias regressivas em torno da significação que, paradoxalmente, o corpo adquire diante desse rosto sem contornos precisos. As sensações de leveza, de estar na água, de ser um peixe induzem a fantasias de tipo fetal.

2) *Máscara personagem*. É a comumente chamada máscara. Tem forma ou estrutura definida, sugerindo uma personagem ou uma sensação. Pode ser de diversos materiais: papelão, papel, madeira, látex etc. Essas máscaras, às vezes feitas pelos próprios pacientes, sugerem um rosto com traços definidos, diferentemente da máscara neutra, que os indefine.

Na escolha de determinada máscara podemos observar o encontro de cada paciente com suas fantasias. Despertadas pela imagem da máscara, as fantasias são projetadas sobre esta. O que se projeta não é uma simples imagem, mas miríades de cenas.

Qualquer que seja o tempo empregado, a escolha implica processo psíquico, determinado número de aceitações e de recusas. Um processo inconsciente, pré-consciente e consciente que culmina na decisão de trabalhar com alguma máscara em particular.

3) *A maquilagem*. Diferentemente da máscara neutra e da máscara personagem, que por estarem já feitas podem ser colocadas e retiradas com facilidade do rosto, a maquilagem é uma máscara que se vai fazendo, vai-se gerando sobre o rosto. O *processo de ir se* maquilando é tão importante quanto o resultado final, quando cada um considera a maquilagem terminada. É como uma máscara tatuada sobre a pele e que não pode ser retirada instantaneamente como as outras. Alguns sentem-se tão atraídos por seu rosto maquilado que não querem mais retirá-la, enquanto outros desejam "lavar a cara" para se encontrar novamente com seus traços conhecidos. A maquilagem consiste na aplicação de vários cremes e bases, de cores diferentes, que o paciente distribui livremente pelo rosto.

Dinâmica do momento B

Neste momento B pode-se perceber que é questionada a definição encontrada no momento A. Isto está relacionado com um aspecto-chave do trabalho com máscaras. Ao usar uma máscara, o sujeito se coloca por trás dela, torna-se *mascarado*.

Quem a usa compõe uma gestalt particular entre a máscara escolhida, os traços morfológicos dessa e a atitude corporal que realça seletivamente alguns desses traços em particular. Essa gestalt é outra máscara, distinta da cara, da máscara própria que cada indivíduo possui, e provoca um efeito de desmascaramento. Cai a máscara do momento A, do momento da definição, e aparece outra. Talvez um exemplo esclareça melhor o que foi dito: um paciente se apresenta ao grupo sentindo-se um coelho, diminuído, com medo. Coloca a máscara e diz que é um verme. O grupo não o vê como tal, e sim como um touro com muita força, que não se mostra. Desmascarou-se da primeira máscara e apareceu outra. Uma primeira definição deu lugar a outra que, provavelmente, não será a última. Produziu-se um efeito de desmascaramento e desestruturação, de ruptura com essa primeira definição que, dizíamos, é característica do momento A.

Em um grupo podemos propor aos pacientes que escolham uma máscara, realizem um trabalho corporal e construam uma personagem. Alguns desenvolvem a temática que traziam ao chegar para a sessão. Outros, uma temática diferente. Às vezes damos, posteriormente, a opção de trocar de máscara.

Uma vez transcorrido o tempo necessário para que o paciente se "impregne" com essa máscara, dá-se lugar à possibilidade da inter-relação. Haverá quem continue com a mesma e quem coloque outras. Alguns incluirão também um tecido, um disfarce etc. Na inter-relação variam os interlocutores, as cenas e as personagens. Há um efeito de desestruturação muito intenso. Marta, que tinha vindo ao grupo com dor de cabeça, dramatiza sucessivamente uma bruxa, um torcedor de futebol e um osso.

Se não permanecermos com essas primeiras máscaras ou com essas primeiras definições e continuarmos com outras, veremos que os aspectos do indivíduo e do grupo surgidos no espaço da sessão serão variados. Já não são cinco indivíduos em torno de um centro. Esses indivíduos desenvolvem diferentes aspectos de si próprios em relação aos aspectos dos outros integrantes. Se dermos a esses aspectos o nome de máscaras, a sessão terá se transformado em um caleidoscópio de máscaras. É um jogo com aspectos-chave dos indivíduos e do grupo. O que ficou dessa primeira definição, desse diagnóstico, dessa primeira máscara?

"Nas dramatizações que aparecem com alto grau de incoerência, poderíamos pensar que não foi possível terminar a elaboração secundária e que os materiais inconscientes aparecem cruamente ou que a expressão de incoerência se relaciona com uma burla à censura, ou ainda que a incoerência é uma forma que a censura assume para mostrar, para expressar os materiais.

"Pela grande ansiedade que desperta, poderíamos pensar que tomamos a dramatização em um *status nascendi* no qual, no entanto, não foi possível passar para a elaboração secundária. É como se nos metêssemos no processo de fabricação de um sonho e o interrompêssemos no milionésimo de segundo anterior à elaboração secundária final (porque sempre existe elaboração secundária).

"Isto se relaciona com os vários tempos dos sonhos que duram toda uma vida, também se poderia pensar a vida como um sonho.

"Ainda assim, pode cristalizar-se num instante, e nesse instante dar à luz um sonho.

"A cristalização de uma dramatização é imensamente maior, demora séculos com relação ao tempo dos sonhos, e as etapas de sua fabricação poderiam se fracionar ou congelar."[4]

Não se pode prescindir do lugar da definição, seja como local de partida, ou de chegada, pois permite o outro jogo, o do caleidoscópio. Estruturação-desestruturação, desse modo, estão imbricadas. Mas como dar continência a isso que aparece como desestruturado na sessão? A cena única ou a busca apressada de uma fantasia comum segura ou inclui, exclui, anula da sessão, com uma pretendida ação de síntese, todo esse polimorfismo da sessão grupal com máscaras?

MOMENTO C

É diante da pergunta anterior que elaboramos o momento C. Este momento, mais do que tratar de sintetizar, cria condições de análise, dá continência à sessão grupal, potencia esses aspectos simultâneos, esse movimento aleatório de máscaras. A esse momento C dou o nome de trabalho em lugares simultâneos.

O trabalho em lugares simultâneos pode se realizar com diferentes modalidades.

Uma modalidade de aplicação que poderia se apresentar aqui e que creio ser reveladora do que descrevo no título deste momento é que proponho aos pacientes, à medida que vão entrando no consultório, que se dirijam aos mais variados espaços de trabalho possíveis: em um podem realizar um trabalho corporal, em outro podem fazê-lo com disfarces, em outro com um instrumento musical ou com um trabalho de modelagem etc.

Cada um, individualmente, poderá realizar algumas dessas tarefas.

Depois de trabalhar individualmente em cada espaço, os pacientes podem mudar de lugar, seja na conformação de uma personagem relacionada com o que eles fizeram em um lugar ou em seu trabalho corporal sem inter-relacionar-se, e em seguida relacionando-se, mas a partir da sua própria construção fantasmática.

A cena aqui não é única, potencializou-se o caleidoscópio, há uma espécie de acelerador de partículas, acelerador de aspectos do indivíduo e do grupo colocado em jogo. O que estou esboçando é um modelo. Não é que seja assim em todas as sessões. O que queremos destacar é o fato de dar lugar a essa simultaneidade de aspectos que pode acontecer com ou sem máscaras.[5]

RELAÇÃO ENTRE MOMENTOS E PLANOS

		PLANOS DAS CENAS	PLANO DO CORPORAL	PLANO DO GRUPAL
M O M E N T O S	A	Espacialização dramática Espacialização da imagem corporal	Definição da imagem corporal	Definição da imagem do grupo
		PREDOMÍNIO DE ELEMENTOS DE ELABORAÇÃO SECUNDÁRIA CENA COMO REPRESENTAÇÃO DO MITO E DA ESTRUTURA GRUPAL		
	B	Cenas com máscaras	Mapa Fantasmático Corporal (MFC)	Mapa Fantasmático Corporal Grupal (MFCG) Ruptura de Imagens Grupais
		PREDOMÍNIO DE ELEMENTOS DO PROCESSO PRIMÁRIO EFEITOS DE DESESTRUTURAÇÃO		
	C	Cenas simultâneas	Fragmentação " " re-apresentação re-unificação	Criação de novos espaços de contenção: – do lúdico – das cenas múltiplas – dos processos de: fragmentação " " reunificação Grupo como único$_\beta$ª dispersão

44

Pode parecer que se ressalta o individual e não o grupal. Não é assim. A produção em cada um dos espaços revela manifestações de várias partes do indivíduo através de personagens, relatos, fantasias, cenas etc. Os participantes e as relações entre eles podem surgir como naqueles velhos novos filmes de Mc Larren, como esferas independentes que se chocam, se afastam, mudam de forma, se fundem e aparecem outras diferentes.

Quem entra na sessão, imediatamente percebe o grupo, embora não o veja. Mas o grupo não é uma enteléquia. Vai se construindo-desconstruindo à medida que cada um dos integrantes, presentes ou ausentes, vai se manifestando; no entanto, vão trabalhando individualmente e influenciando os outros.

Estou falando de momentos e planos. Ao me referir a planos, refiro-me a perspectivas, a níveis de análise. (Ver quadro à p. 44)

No momento B, no *plano das cenas*, o que se ressalta fundamentalmente são as cenas com máscaras; no plano corporal, o mapa fantasmático corporal; em nível de *plano grupal,* o desenvolvimento do mapa fantasmático grupal, uma ruptura de imagens grupais. Nos três planos existe o predomínio de elementos do processo primário e aspectos de desestruturação.

No momento C, no plano das cenas, o que predomina são as cenas simultâneas. No plano corporal, uma ida e volta entre a fragmentação e a reunificação da imagem do corpo; e no plano grupal, a criação de novos espaços contendo o lúdico, as cenas simultâneas. Produzem-se processos de fragmentação-reunificação, no sentido de que o grupo aparece como único, e também se manifestam processos de dispersão.

Esse tipo de trabalho talvez questione determinados modelos de entendimento que tentam se aferrar a uma cena única, à cena como sinal revelador de um referencial oculto, a uma substância que supostamente explique o complexo dos fenômenos.

Não se questionará a interpretação como esclarecedora, espelho dessa cena única? Não se pensará em um modelo de interpretação que considere a riqueza multifacetada dessa produção de significação, interpretação que exerce seu papel na produção de sentidos dramático-corporais ou verbais? Não ficará anulada a interpretação pontificadora para realçar a interpretação como jogo?

Alguns autores sustentam o modelo da cena única, da cena como reveladora de uma referência (João briga com Pedro porque, de forma oculta, a cena da briga com seu pai não está elaborada). Esta postura se basearia na teoria do signo, segundo a qual este é revelador de uma verdade oculta que está por trás dele.

O signo como expressão da verdade, como verdade imutável, como substância.

Como parte da crítica a essas teorias, François Wahl diz:[6]

45

"Não submetido ao centro regulador de um sentido, o processo de geração do sistema significante não pode ser único; é plural e infinitamente diferenciado; é trabalho móvel, concentração de embriões em um espaço não-fechado de produção e de autodestruição".

Mais do que um significado, do que uma verdade imutável estabelecida previamente e revelada por um significante, acentua-se a produção de significação "plural e infinitamente diferenciada". Neste momento C trata-se de dar continência àquele que na sessão aparece como desorganizado; à pluralidade de cenas que são geradas com o uso da máscara, o que permanece excluído da fantasia comum ou da cena sintetizadora, à pluralidade de vozes de um grupo, à pluralidade de vozes de um indivíduo, empreguem-se ou não máscaras (embora estas tenham, sem dúvida, um efeito potenciador).

A sessão é feita de cenas superpostas. É uma *collage* de cenas.

Também pode acontecer uma cena única. Não existe uma tarefa única comum, pois cada integrante escolhe um lugar. O comum é o diferenciado. Trata-se de recuperar, na situação grupal, o polimorfismo, perverso quando a exigência é de tarefa única e de unidade temática.

Na época em que começamos a trabalhar com esta modalidade pensávamos que uma fantasia comum iria se manifestar sistematicamente através dos diferentes lugares. Não comprovamos isto. Ao contrário, manifesta-se intensamente uma pluralidade fantasmática.

Deve-se diferenciar quando o encontro com uma fantasia comum, organizadora, reflete o momento grupal e quando um artifício do terapeuta lhe permite encontrar um lugar de proteção.

A referência a uma cena subjacente, determinante, seria imediatamente transformada em um relato unívoco, limitante. Isso ocorreria naqueles enfoques para os quais todo trabalho grupal está relacionado, exclusivamente com uma cena subjacente. A estrutura dramática das cenas simultâneas plurívocas se corresponde, em troca, com a multideterminação na construção do discurso.

CENA E CORPO

Para alguns autores o corpo é somente um pretexto para se chegar à cena através de um aquecimento. Para outros, o corpo é o lugar onde se esconde uma criança que precisa de afeto.

Ao falar de cena estamos falando de representação, em primeiro lugar, do corpo. A criança vai ver sua imagem unida, uma gestalt, enquanto que a percepção proprioceptiva é a de um corpo fragmentado. Encontro com o corpo através da imagem. Imagem que se tornará complexa com a inclusão da função paterna, do simbólico. Cena edípica onde o corpo, nos entrecruzamentos da pulsão e do desejo, se torna erógeno e se define. Imagem, impossível de eliminar, como a sombra, no acesso à verdade do corpo e do indivíduo.

A cena é o lugar da espacialização do fantasmático do corpo. Não é preciso um exercício corporal determinado para que o corpo se faça presente. Mas a prática corporal e psicodramática cria pistas imaginárias para que essa presença se potencie.

Quando falamos de corpo referimo-nos ao corpo erógeno, sexuado, marcado pelo desejo, o gozo e a castração. Mas, o que quer dizer o conceito de cena e de corpo? Cena refere-se a uma certa espacialização de uma fantasia, a um lugar. Um lugar onde, supostamente, ocorreriam os acontecimentos. Aqui se deveria diferenciar o espaço da realidade e o imaginário. Esses espaços estão sempre entrecruzados, embora conservem determinada independência.

Qual seria a relação entre a cena ocorrida na realidade do paciente, a cena fantasiada e a cena representada? O terapeuta deve hierarquizar a primeira? Deve excluir-se a segunda, como sugere Lemoine, de ser representada?

A cena representada deve ter como antecedente o fato de ter ocorrido na realidade do indivíduo? O risco de se pensar assim é o de converter a cena da realidade em uma substância cuja representação (ou melhor, cuja manifestação fenomênica) seria a cena representada.

Cremos que há relação entre elas, mas uma relação complexa, visto que haveria um diálogo de cenas, assim como um texto que se estaria jogando com o transcorrer das cenas. Não é um texto já escrito, mas que vai se reescrevendo.

Deve-se lembrar, também, que Moreno preferia o texto vivo, incessante, ao texto terminado, que chamou, ironicamente, de "conserva cultural". Em todo caso, porque entendia-se o texto como um absoluto que determinava a cena e, no caso do teatral, o fim.

A cena refere-se aos eus concretos, aos existentes encarnados em um determinado lugar.

O corpo como real se manifesta no momento de vacilação, de não-sedução, de não-argumento, de não-memória emotiva.

É no momento em que o sujeito não se coloca em cena como pessoa, no momento em que não atua.

Por outro lado, o corpo em psicodrama aparece como o resultado de diferenciais dos gestos que foram sendo pronunciados no decurso do jogo.

IMAGEM E MAPA FANTASMÁTICO CORPORAL

Dentro do processo terapêutico, o trabalho corporal corresponde-se com os três momentos definidos neste trabalho.

O momento A é a construção da imagem corporal, sua definição. É importante tanto para o paciente como para a tarefa a ser realizada pelo terapeuta. Mas esse momento A está intimamente relacionado ao momento B, o da desestruturação. O fato de poder visualizar a imagem corporal através de um percurso, de uma elaboração, de um trabalho, estabelece imediatamente sua crítica e sua desestruturação-reestruturação. Há uma continuidade e ruptura entre o momento A, da imagem corporal, e o momento B, do mapa fantasmático corporal.

No mapa fantasmático corporal está acentuada a carga fantasmática correlacionada com determinadas zonas do corpo, e o termo "mapa", adjetivado por fantasmático, define limites, mas não deixa de ter determinado grau de esvanecimento. É uma imagem corporal, desestruturada, com maior definição da carga fantasmática. Vemos aqui que existe uma ida e volta entre imagem corporal e mapa fantasmático corporal. No momento C essa ida e volta se potencia.[7]

Está claro que neste modelo de trabalho não cabe o fato de que o terapeuta se ofereça como modelo corporal, ou como pai ou mãe bons onde o paciente possa se gratificar com as frustrações de sua infância. Embora isso aconteça em todo tratamento como parte das vicissitudes da transferência, o terapeuta deve estar alerta em seu oferecimento como "corpo suposto poder".

NOTAS

1. Trabalho apresentado no Congresso Internacional de Psicoterapia de Grupo em Zagreb, Iugoslávia, agosto de 1986. Publicado no livro *Temas grupales por autores argentinos.* Edições Cinco, 1987.

2. Outra denominação para esses três momentos pode ser:
a) definição;
b) desestruturação ou desconstrução;
c) lugares simultâneos.
A poética do desmascaramento trata dos fundamentos desses três momentos.
Na primeira subdivisão acentuava os aspectos técnicos. Nesta, tento abordar os aspectos mais gerais, definir cada um desses momentos, independentemente da técnica utilizada. No texto não modifico a antiga denominação, creio que estão implícitos nesta última. São estágios de um caminho.

3. Para uma descrição mais exaustiva, remeto ao livro de Mario Buchbinder e Elina Matoso (ver bibliografia). Utilizo a primeira pessoa do plural para me referir a trabalhos em conjunto com Elina Matoso.

4. Obra citada.

5. A multiplicação dramática descrita por Frydlesky, Kesselman, Pavlovsky dá espaço, também, a essa multiplicidade de aspectos do indivíduo.

6. Ver Todorov Ducrot.

7. No tratamento com pacientes psicóticos procura-se acentuar o momento A. No momento B acentua-se não a desestruturação, mas consideram-se os aspectos de desestruturação como lugar de inventário desses aspectos do indivíduo. Poderíamos entender o momento C

como o de metabolização do desestruturado inventariado no momento B. Achamos que a terapia com pacientes psicóticos é essencialmente construtivista (de imagem corporal, de história familiar, de redes fantasmáticas). Esse tipo de terapia com pacientes psicóticos será desenvolvido em outro trabalho.

Nexos:
Grupo

Foi gerado na Argentina um movimento que reivindica o espaço do grupal.

Ele já tem história própria que é, ao mesmo tempo, relacionada com outras latitudes, como não poderia ser de outro modo. Reconhecemos como pais do movimento grupal autóctone, José Bleger e Enrique Pichon Rivière. Para que se pudesse gerar esse espaço, tiveram de ser vencidas resistências teóricas e ideológicas.

O pensar grupal implica repensar a problemática do indivíduo e a sua relação com o social e o institucional. A introdução do grupal, de início, significou um repensar as instituições onde se exercia a prática da psicanálise e a problemática da loucura, a repressão, a família, o ambiente, o contexto, o *setting*, a atitude do psicanalista etc. Não é estranho que a possibilidade de geração desse novo espaço não estivesse desvinculada daqueles que se abriam no âmbito sociocultural e político da época. Nesse sentido, essa práxis faz parte do processo ativo na construção desse espaço.

Assim como o movimento grupalista leva, em si, um questionamento do narcisismo do individual e uma análise crítica do sócio-institucional, também leva a carga histórica de um messianismo relacionado à onipotência das idéias.

Velhas polêmicas enriqueceram o movimento grupal e psicanalítico e produziram elaborações criativas, dando, ao mesmo tempo, lugar a discussões. Assim a polêmica transferência-tele, se bem que em algum momento tenha sido objeto de retardamento, de polêmicas estéreis, por outro lado se inscreve nas tensões entre objeto interno e objeto externo, espaço transacional, o lugar do eu e do inconsciente.

Um objeto de discussão foi a transformação de velhas polêmicas em embates institucionais onde se mesclaram, às vezes indiscriminadamente, conflitos ideológicos, lutas pelo poder, projeção de ansiedades psicóticas, idealizações etc. A ideologia mistificante não esteve desvinculada dos messianismos originais. Muitos sentiram, inclusive, que os encerramentos dos espaços de crítica no âmbito sociopolítico poderiam ser substituídos pela prática em pequenos grupos. Isso, em parte, é assim, e foi possível experimentar o que Foucault chamava de microfísica do poder e da transversalidade nos grupos e nas instituições. Mas, às vezes, levou a supor esquematicamente o pequeno mundo como trampolim para as grandes transformações, perdendo a grandeza que encerra, em si, o pequeno, as especificidades, os caminhos particulares.

Não é estranho que o movimento grupalista padeça desses males. É que se sofre exatamente por aquilo que se pretende vislumbrar, e o que se repete é o que se intenciona elaborar.

A reivindicação da utopia como oposição ao que é possível não justifica a simplificação mecânica nem a confusão dos espaços do individual, grupal, institucional, político-social e cultural, nem a redução da complexidade do humano à reivindicação política. Tampouco a redução do político.

A paixão de Pichon por psicologia social, psicanálise, política, tango, esporte, poesia (Lautremont e Baudelaire), é metáfora do não-reducionismo.

Os chamados escritos sociais de Freud parecem continuar exercendo um papel sumamente significativo na análise crítica desses avatares do movimento grupal.

Reportagem sobre trabalho em lugares simultâneos

ENTREVISTA COM MARIO BUCHBINDER

Entrevistador: O que é Trabalho em Lugares Simultâneos (TLS)?

Mario Buchbinder: É uma modalidade que, em nosso Instituto, nos últimos anos, sintetiza uma trajetória de trabalho e de investigações com as máscaras e, no corporal, em atividades plásticas no jogo sobre as problemáticas grupais e sob a perspectiva psicanalítica.

E: Por que "em lugares simultâneos"?

M.B.: É uma denominação técnica, com fundamentos teóricos. Procuramos, durante a sessão, incorporar diferentes espaços de trabalho, ao modo das salas de jardim-de-infância. Por exemplo: um canto para trabalhar com máscaras, outro para utilizar argila, outro com um saco de boxe, outro para trabalho corporal. A partir dos espaços simultâneos, cada paciente pode executar diferentes atividades, de modo independente dos outros.

E: Cada paciente escolhe seu lugar?

M.B.: Cada um escolhe seu lugar após um pequeno comentário no grupo. À medida que os pacientes vão chegando, eles vão se incorporando a um espaço. Depois de um tempo de trabalho nesses lugares, vem o tempo de interação, que é mais extenso. Por exemplo, suponhamos que alguém tenha chegado com uma sensação de tensão em determinado lugar do corpo: a partir de um certo tipo de movimento, a tensão passa para outro lugar do corpo, e surge uma determinada fantasia; esta, por sua vez, possibilita o trabalho mediante uma cena que também, por sua vez, poderá passar a outras.

E: Isso parece tornar longas as sessões.

M.B.: Às vezes é possível trabalhar-se com sessões de quarenta ou cinqüenta minutos, mas em geral é preferível empregar seções de noventa ou cem minutos. Em todo caso, o TLS não é apenas uma modalidade técnica, e sim um modo de encarar a terapia: contribui para que a situação grupal não gire em torno da problemática de um dos membros, e as temáticas das diferentes pessoas poderão ter lugar na situação grupal, mesmo quando não se encontre uma fantasia comum. Às vezes, encontrar a fantasia comum se transforma em preocupação superegóica do terapeuta do grupo; se não for encontrada a fantasia comum, ele chega a sentir-se perdido na sessão.

E: De que maneira o simples ato de trabalhar em um canto com algum material permite que cada paciente se conecte com sua problemática?

M.B.: É um primeiro momento muito valioso e significativo. Permite que cada um encontre seu modo de exprimir a fantasmática com a qual ele veio. A fantasmática, que cada um irá exprimir em determinado momento da sessão grupal, fica documentada a partir do trabalho nesses espaços; essa documentação terá bastante peso no transcurso dessa sessão, e também de todo o tratamento.

E: No caso de alguém chegar muito angustiado, como isso poderá ser plasmado no TLS?

M.B.: Darei um exemplo. Uma vez, ao começar uma sessão com essa técnica, um paciente disse que estava com vontade de ir embora: eu lhe disse que trabalhasse em torno de sua vontade de ir embora.

E: De que maneira?

M.B.: Ele perguntou se poderia escrever: eu disse que sim. Então ele escreveu uma história na qual andava de carro pelo deserto, o carro parava e ele ficava ali perdido; e protestava: por que havia saído de carro? Isso aconteceu há um ano, e de vez em quando reaparece, e continuamos trabalhando: nesse relato ele manifestou algo que se relaciona a sua vida inteira, sempre uma queixa, por que fez isso ou aquilo. Depois, naquela sessão, ele fez um desenho. Desenhou um caminho que era cortado em um lugar preciso, em sua sexta parte. Tratamos de averiguar o que significava o número seis em sua história. Algum tempo depois, soubemos que algo foi cortado em sua vida familiar, quando ele tinha seis anos, com o nascimento de uma irmã; apareceu o tema do ciúme, da inveja. Dessa forma, naquilo que escreveu e em seu desenho, ele pôde expressar aspectos muito importantes de sua problemática, que foram jogados no metabolismo grupal.

A partir do trabalho que cada um executa nos espaços, há um entrecruzamento. Primeiro se propõe que andem pelo consultório, pela sala, sem nenhum inter-relacionamento, mantendo-se dentro de suas próprias fantasmáticas individuais: cada um, a partir do que já foi trabalhado, entra em uma personagem, com a ajuda de máscaras ou disfarces. Assim se produzem as interações, em cenas distintas.

E: Em terapias de grupo, cada paciente conta o que está passando, e depois trabalha-se com esse material. No TLS, o problema de cada um se expressaria, primeiro, nos diferentes espaços.

M.B.: Antes de tudo, no TLS não excluímos a palavra, que está presente nas atividades e nos intervalos entre elas. Damos muita importância à imagem: cada paciente, através de diversas atividades, plasma em imagens o que está acontecendo com ele. Pode-se fazer a objeção de que isso é uma queda no imaginário: eu digo que é uma subida para o imaginário. Quero dizer que, se damos importância à construção da imagem, é para que ela dê lugar ao real, para que o real possa aparecer nessa sessão, a partir do qual poderá desenvolver-se a simbolização. Esta surge pela interpretação do terapeuta, do comentário dos pacientes, como se fossem regras de um jogo. A prática lúdica diferencia, em si mesma, o real do imaginário: quando finjo matar alguém, não o mato; o desenvolvimento do simbólico está na diferença entre o real e o imaginário.

E: O trabalho nos espaços é sempre feito no início ou pode ser feito no final da sessão?

M.B.: É melhor que seja feito no início para que se possam efetuar desenvolvimentos posteriores.

E: Qual é o lugar das máscaras e do corporal no TLS?

M.B.: O tema do corpo está sempre presente em todo o grupo, quer se trabalhe ou não com técnicas corporais. Tentamos dar lugar ao corpo de diferentes modos. Por exemplo, em uma sessão de TLS, quando se planejou o trabalho nos espaços, formou-se um subgrupo que preferiu fazer Tai Chi. Embora a orientação tivesse sido para trabalhar individualmente, o grupo preferiu fazer assim; poderíamos pensar que fosse uma atitude de resistência, mas deixamos correr, já que consideramos importante que as resistências se desenvolvam dentro da tarefa. A idéia de fazer Tai Chi veio do fato de que uma das integrantes do grupo, por sua vez, já o praticava; nessa prática há um aspecto defensivo, onde a atividade corporal é ritualizada, ordenada: não que o Tai Chi seja isso, mas era assim que ele aparecia no contexto da sessão.

Então, deixamos a atividade se desenvolver, pois, em todo caso, ela poderia funcionar como aquecimento. E os integrantes daquele subgrupo logo foram passando para outros tipos de trabalho corporal. Apenas um, aquele que já praticava o Tai Chi, é que permaneceu estruturado nessa única atividade. Então lhe propus que fizesse um trabalho de desestruturação dos movimentos.

E: Como seria isso?

M.B.: Ele me fez a mesma pergunta, pois ficou surpreso. Eu lhe disse que fosse desarticulando determinado movimento que fazia com o corpo e com os braços. Assim, ele foi desarticulando uma das mãos, em seguida um braço, um ombro, até a cintura; daí em diante ele não conseguiu mais desarticular. Propusemos, então, que colocasse uma máscara e fizesse fa-

54

lar a sensação adquirida com a desestruturação. Deste modo transformamos, em cena, um movimento corporal. E ele chegou a relacionar a impossibilidade de desarticular da cintura para baixo com o fato de ter tido de usar gesso na época da puberdade; o incômodo daquele gesso ainda estava presente nele. E isso deu lugar a trabalhos posteriores. Outra pessoa daquele subgrupo havia continuado a fazer trabalho corporal e em determinado momento centrou-se nas pernas. Começou a fazer movimentos diferentes com as pernas e me disse que sentia tensão, perguntando que movimentos deveria fazer.

E: A propósito, o que faz o terapeuta durante o trabalho nos espaços?

M.B.: Aproximo-me de cada um, pergunto como estão. Liliana, por exemplo, me responde: "Veja, estive trabalhando com as pernas e não sinto nada...". É o que essa pessoa me respondeu, então lhe propus que observasse e percebesse a sua estrutura óssea. Ela assim o fez, e quando chegou à zona do músculo disse que não percebia nada: angustiava-se em não perceber o osso. Conversando, surgiu-lhe a possibilidade de desenhá-lo, ou melhor, fazer com argila. Fez um osso, o fêmur, de argila. Diria que era um fêmur perfeito. Mais tarde, na hora do entrecruzamento, ela fez o que chamou de um coxo que caminhava. Foi interessante que tenha feito um osso, pois uma irmã dela sofria de uma doença celíaca, com distúrbios de crescimento, principalmente no desenvolvimento das pernas. A partir de determinada idade, a irmã desenvolveu-se bem, mas seguramente na fantasia familiar existia uma irmã deformada, e a paciente temia ficar assim.

E: Pelo que está contando, me parece que embora o paciente transite pelos vários espaços, em quase todos há uma aproximação do corporal.

M.B.: Nem sempre. No paciente do exemplo anterior, que havia escrito uma história, a aproximação não era pelo corporal. Há pacientes que optam, alternativa ou sucessivamente, por modelar com argila, desenhar, utilizar máscaras. Em todo caso, quando se trabalha com argila pode-se tratar da projeção do corpo.

E: Com máscaras, o que se pode fazer em TLS?

M.B.: A construção de uma ou mais personagens.

E: A personagem é construída a partir do que o paciente sente no espaço que escolheu?

M.B.: Um dos espaços é de máscaras, ali o paciente vai provando várias delas. É claro que perdemos muito do que foi sentido e pensado ao se provar cada máscara: às vezes pedimos que escreva sobre sua experiência.

E: Depois, constrói a personagem.

M.B.: Dou outro exemplo: em uma sessão prolongada, Juan faz uma personagem que está perdida em uma ilha; depois uma que golpeia com um pau, e depois faz uma série de desenhos: um machado, alguém sorridente, alguém perdido em uma ilha e, finalmente, faz um relato. Tudo isso fornece amplo material para trabalho e esses materiais logo se tornam explícitos de diversos modos no momento grupal, seja por entrecruzamento das personagens seja pelas cenas que vão surgindo. Na segunda parte dessa mesma sessão prolongada trabalhou-se com tecidos e elásticos: quando todos trabalharam com um só elástico, apareceu o prazer de arrebentá-lo, que significava o romper do *setting*, destruir o terapeuta, finalmente matar o pai, fantasia que, com diferentes simbologias, havia aparecido em cada um dos pacientes.

E: A essa altura, como podemos resumir as vantagens dessa técnica?

M.B.: A mim, parece que acelera o processo terapêutico. Em todo caso, cria melhores condições para a significação dos vários conflitos, tanto em cada paciente, como no nível grupal. Parece-me que o TLS cria um continente para que o inconsciente, o reprimido, o difícil de se manifestar possa se expressar. Nesses grupos cria-se uma espécie de pauta cultural que permite e facilita a expressão de conflitos significativos de cada participante.

E: Quais são os fundamentos teóricos dessa modalidade terapêutica?

M.B.: Diria que é uma terapia com *setting* psicanalítico, desde que se defina o que é psicanálise e o que é *setting*. A imagem da psicanálise parece consistir em um divã, um paciente deitado nesse divã, e um psicanalista sentado em uma poltrona atrás dele, totalmente passivo. Isso é um formalismo; essencialmente, é um formalismo defensivo diante do caráter transformador, revolucionário, subversivo, que tem a psicanálise. Quem sustenta essa visão se propõe como um dos maiores defensores da psicanálise, mas não lhe dá sua definição fundamental. Com isso, não quero dizer que utilizar o divã não seja exercer a psicanálise, mas, insisto, que defini-la nesses termos é cair em um formalismo. O TLS é psicanálise, pois trabalha com o inconsciente, com o desejo, com o amor, com o ódio, com a transferência. Um psicanalista argentino dizia que o tema da psicanálise é fundamentalmente o amor e, portanto, também o ódio: esses entrecruzamentos são fatos possíveis nesse tipo de terapia.

E: Qual é a relação entre o TLS e o psicodrama?

M.B.: Damos grande importância à dramatização e ao trabalho sobre a cena; assim, o TLS está muito relacionado com o psicodrama. Como dizia Moreno, seu criador, o psicodrama não é simplesmente buscar um protagonista e fazê-lo dramatizar, e sim romper com determinadas "tradições culturais". Então, não temos por que nos submeter às formas que o mesmo Moreno criou. No TLS o psicodramático une-se ao corporal, ao plástico, à palavra. E quero voltar agora ao tema das máscaras em sua relação com a pergunta: Por que o TLS, o "Trabalho em Lugares Simultâneos"?

Talvez o ponto de partida tenha sido o trabalho de grupo com um número ilimitado de máscaras: tomando-se uma cena como base, os participantes vão trocando as máscaras, o que produz, imediatamente, cenas simultâneas: então, pensamos que essas cenas poderiam ter um efeito potencializador da terapia. Ao mesmo tempo, o fato de uma pessoa ir trocando de máscaras traz à tona uma simultaneidade de aspectos do sujeito, e não somente do grupo. Vemos que o trabalho com máscaras está bastante sobreposto ao TLS, enquanto dimensão desestruturadora, desmascaradora. Isso não quer dizer que quem participa de uma sessão com máscaras vá, necessariamente, se desestruturar: somos respeitosos e sempre existe a possibilidade de um participante se limitar a observar ou a trabalhar com uma só máscara. Nesses trabalhos a continência é muito importante.

Quero também mencionar outra vertente do TLS, cuja definição vem da semiótica e se refere ao carnavalesco: é a ruptura da unidade. Na sessão, o TLS contribui para o rompimento da unidade temática para privilegiar o polimorfismo, a multiplicidade de cenas; concretamente, é possível atender a diferentes aspectos do indivíduo e do grupo. Como diria Julia Kristeva, trata-se do carnavalesco, no sentido de recuperar a dimensão criativa da atividade carnavalesca.

E: Os pacientes não se assustam com o fato de trabalhar com máscaras? Isso não é conhecido; em geral estamos habituados a outros tipos de terapia.

M.B.: Não é tão certo que não seja conhecido: há muitos anos estamos desenvolvendo essa atividade. Em todo caso, se o paciente prefere não trabalhar com máscaras, não o faz. E há pacientes com os quais nunca utilizei máscaras nem jamais utilizaria: quando alguém se move, sempre deve saber onde está indo, e deve ter espaço para essa mobilização. Isto é válido para pacientes psicóticos e também para os neuróticos. É certo que com pacientes neuróticos a tarefa consiste em desestruturar determinados mitos nos quais eles se sentem presos; com o psicótico, ao contrário, creio que a terapia deve ser constitutiva. O uso de máscaras é possível, porém, mais para ajudar o paciente a reconstruir determinadas redes rompidas ou nunca construídas em sua história.

E: Que clima deve haver nas sessões de TLS?

M.B.: Depende do momento. Quando estão todos trabalhando nos diferentes espaços, há um clima de trabalho muito intenso, diria que é um clima mágico: as fantasias de cada paciente vão aparecendo de tal modo que o consultório se transforma em caixa mágica, a sessão chega a se apresentar como um caleidoscópio de fantasias, máscaras, imagens, que não se perdem e podem se metabolizar de diferentes modos. Há a possibilidade de serem colocadas coisas muito íntimas, de se criar imagens para essa intimidade; no grupo existe muito respeito pelo tempo, pela imagem. Por exemplo, uma paciente que trabalhou com argila em um espaço, fez um corpo nu, mas teve medo de mostrá-lo e não o mostrou: respeitou-se o fato de ela não querer mostrar. Ela guardou seu material, depois comentou sobre ele e após algumas sessões pôde mostrá-lo.

E: A imagem tradicional de um grupo é geralmente a de um círculo; no TLS, quando as pessoas vão para diferentes espaços, geram uma imagem diferente de grupo.

M.B.: Sim, amplia-se o círculo. Por um lado, o pequeno círculo se fragmenta, há uma dimensão de fragmentação. Mas há também uma ampliação; não sei se o círculo se conserva ou se aparece uma outra figura, e a união se dá pela simultaneidade em que todos trabalham.

E: Em todo caso, depois há um momento em que o grupo reconstitui o círculo.

M.B.: No decorrer da cada sessão há diferentes momentos. O círculo do falar, do refletir, deverá sempre existir, é imprescindível. De todo modo, não é possível contar tudo. Ao estilo da caixa-preta à qual se refere o pessoal de comunicação, há uma dimensão na qual não se sabe o que se passou. Não se pode recuperar tudo, mas em cada sessão é possível inscrever o acontecido de diversos modos e recuperá-lo através de imagens e palavras. Eu diria que existem um pequeno e um grande círculo. Gera-se um grande círculo que proporciona continente, uma espécie de imagem uterina que permite criar diferentes jogos. Mas, além dessa função materna, há a paterna. Se a função materna é permissividade e possibilidade de desenvolver aspectos que precisam ser desenvolvidos em cada um, a função paterna torna possível discriminar e simbolizar aquilo que, em primeiro lugar, foi plasmado em imagens.

Trabalho em lugares simultâneos e estrutura carnavalesca[1]

Quero te conhecer, saber onde vais,
alegre mascarazinha que me gritas ao passar:
"Adeus... Adeus... Adeus..."
"Quem és? Onde vais?"
"Sou a misteriosa mulherzinha de teus anseios."
Não disfarces mais a voz, por baixo da tua máscara,
teus olhos pela rua vão buscando minha ansiedade...
Descobre-te por fim... teu riso me faz mal,
por trás de teus disfarces, o ano inteiro é Carnaval...

FRANCISCO GARCÍA GIMÉNEZ

INTRODUÇÃO

A experiência com máscaras me colocou diante de um material enfrentado por todo terapeuta, mas que é acentuado por essa prática. Refiro-me aos fenômenos de desestruturação que se produzem quando alguém coloca uma máscara e imediatamente surge um desmascaramento de outros aspectos do sujeito. O que se queria ocultar, colocar por trás de um véu, aparece imediatamente, é ressaltado pela dinâmica da máscara. Esse processo não é automático, ele depende do olhar continente de outro que esteja presente na sessão. Desestruturação em nível de identidade, da imagem corporal, da estrutura do sujeito e do grupo.

Quais são os articuladores teóricos que permitem entender esses fenômenos e, ao mesmo tempo, quais são os articuladores clínicos que permitem a reestruturação, em outro plano, do desestruturado, a reinscrição da fantasmática?

Creio que essa problemática não é privativa da prática com máscaras, mas é também da clínica em geral.

Esse capítulo dialoga com esses interrogantes, incorporando conceitos que provêm de minha prática clínica na qual está presente o trabalho com as máscaras, o corporal, o jogo, o grupal, o psicodramático, a psicanálise. Nesse sentido, a incorporação de conceituações do livro *La semiótica*, de Julia Kristeva, em relação às definições de Bajtin sobre a estrutura carnavalesca contribui para a resolução dessas questões.

A partir de certos momentos de uma sessão, desenvolvo o que entendo por "Trabalho em Lugares Simultâneos" (TLS). TLS é uma modalidade de trabalho que "trata de dar continência àquilo que aparece como desorganizado na sessão, à pluralidade de cenas geradas com o uso da máscara, ao que fica excluído da fantasia comum ou da cena sintetizadora, à pluralidade de vozes de um sujeito, empreguem-se ou não as máscaras (embora estas tenham um efeito potencializador). A sessão é uma *collage* de cenas sobrepostas.

"Pode, também, haver uma única cena. Não há uma tarefa única comum, mas sim cada integrante escolhe um lugar. O comum é o diferenciado. Trata-se de recuperar, na situação grupal, o polimorfismo, uma questão perversa quando a exigência é de um trabalho único e de unidade temática." (Ver p. 46.)

Um modo de articulação técnica em terapia grupal é que, à medida que os pacientes vão entrando no consultório, proponho-lhes que se dirijam aos espaços de trabalho disponíveis: em um poderão realizar um trabalho corporal, em outro poderão fazê-lo com disfarces, em outro com um instrumento musical ou com modelagem em argila etc. Além de trabalhar independentemente em cada lugar, o paciente poderá se deslocar, seja na elaboração de um personagem, relacionado com o que foi feito em seu espaço, ou a partir de seu trabalho corporal sem se inter-relacionar com os outros e em seguida relacionando-se, mas a partir de sua construção fantasmática.

Aqui me refiro às inter-relações feitas pelo paciente a partir das construções ficcionais realizadas. Por exemplo, se alguém é vendedor de cachorro-quente, continuará com uma construção fantasmática a partir desse personagem. Aqui a cena não é única, potencializou-se o caleidoscópio, há uma espécie de acelerador de partículas, de aspectos do indivíduo e do grupo colocados em jogo.

CENÁRIO GIRATÓRIO

O sol tem o tamanho de um pé humano.

HERÁCLITO, FRAGMENTO Nº 3

Em uma sessão cuja duração é o dobro da habitual (duas horas) de um grupo terapêutico, Juana se fantasia e constrói a personagem de Elisa, a florista de *My fair lady*,[2] utilizando "sapatos especiais", um chapéu e outros elementos. Dramatiza durante algum tempo, parece feliz com a personagem e com as dramatizações. Em seguida, cria uma história e escreve um texto com a personagem. Diz que seus pais a impeliram a se casar com um milionário, que é o fim das suas desventuras, que "assim como na infância e na adolescência, também hoje não sei bem quem sou e qual é o meu lugar, estou confusa. Vivo em um contínuo cenário giratório trocando continuamente de disfarces, sem saber para onde ir, nem quem sou. Às vezes sinto que sequer sei escolher a fantasia correta para cada oportunidade. Quero ser eu, mas não posso".

Através desse cenário giratório, Juana — como Elisa — está simbolizando não somente aspectos importantes de sua história, mas também o momento da sessão grupal. Ela é o que os outros estão fazendo, essas trocas de fantasias. Por outro lado, diz: "não tenho um lugar firme para me deter".

Juana começa a trabalhar com a personagem a partir de um par de sapatos que encontrou um pouco antes da sessão. Eles seriam um elemento determinante para sua dramatização. Na sessão, conta sobre os sapatos, sobre os pés inchados do pai, sobre os chinelos com os quais ela o presenteou, mas que não serviram.

Há uma relação clara entre a zona corporal escolhida e os personagens construídos. Elisa parece ser uma autenticidade de Juana, é o personagem melhor desempenhado por ela no grupo, até o momento; sintetiza um momento de sua vida e a dramatização grupal que está ocorrendo.

Elisa e o cenário giratório conseguem elaborar, na cena da sessão, conflitos significativos que não haviam, até então, sido apresentados. Nesse sentido, seria uma autenticidade[3] de Juana, como se fosse a transcrição de um modelo original, uma relíquia, transcrição de um mito familiar. Original em relação a fantasias primárias, originais no sentido freudiano. A impressão de autenticidade se relaciona com a dinâmica *self*-falso *self* utilizada por Winnicott.

Autenticidade, como verdadeiro *versus* falso. A dramatização com máscaras permite-lhe reordenar os aspectos de sua personalidade posta em jogo. Quando diz, na dramatização, que não tem um lugar seguro onde possa parar, e que troca continuamente de disfarces, está expressando, através do personagem de ficção (Elisa de *My fair lady*), uma autenticidade da sua personalidade, seus aspectos de falso *self*, sua debilidade. Desde esse expressar, descongela o congelado de seu falso *self*. São geradas condições para sua transformação. O que se consegue remeteria a uma correlação entre a fantasmática predominante e os personagens construídos.

Carlos, convalescente de uma pneumopatia, trabalha com máscaras brancas de gesso e com tules. Dramatiza sua relação com a doença. Golpeia um tipo de bolsa utilizado em práticas de boxe; como um boxeador, faz luvas com ela. Está coberta de máscaras. Ele mal se mantém em pé. Está caído, virado para o lado esquerdo, numa contração.

Liliana pega uma máscara branca, recosta-se em um almofadão grande; diz que brinca de estar morta como quando era pequena, permanece assim durante algum tempo até que tem frio, angustia-se e sai dessa dramatização.

Depois, no comentário, diz: "é a primeira vez que faço coisas sem sentido, que dramatizo e não sei para onde vou". Relaciona um vestido preto, que usou na sessão anterior, com a avó paterna que estava sempre de preto, depressiva, e surge uma palavra que vai aumentando de intensidade: "isolamento, um isolamento obscuro". "Durante a sessão, embora não pareça, sinto como se estivesse me isolando."

Liliana faz um desenho, tem muita dificuldade para se comunicar, para ouvir e ser ouvida. Por outro lado, parece que se motivou com a modelagem e suas produções expressam muita coisa sobre ela.

Marta quer "dramatizar um situação importante", suas dificuldades para se conectar com sua agressão diante dos "que a aprisionam". Ao falar, assume, "sem perceber", uma posição na qual golpeia com o canto da mão. Digo-lhe que parta dessa postura, e ela começa a fazer um robô que não pode sair daquela posição, e depois corre "como se estivesse numa pista sem fim".

Diz: "Eu corria e sentia como se nada me detivesse, me joguei e comecei a chorar". A partir daí sugiro que comece a dramatizar essas sensações com máscaras. Escolhe uma máscara que representa um monstro. Inibe-se e não pode fazer nada. Escolhe outra. Coloca as duas em uma bolsa, e então associa com o monstro que havia aparecido em sessões individuais; depois toma nas mãos uma "máscara de outro planeta", tipo "He-Man", e outra de aspecto sorridente. Coloca a máscara do "outro planeta" e começa a enfrentar a do monstro. Ao retirar a máscara sentiu um alívio, como se tivesse vencido. "Pude expressar, pude gritar."

Após os trabalhos individuais, passa-se para os trabalhos compartilhados.

Os outros incorporam os desenhos de Liliana e umas estruturas de argila feitas na sessão anterior. Juana, referindo-se à sua personagem, diz: "É uma concha". Liliana retifica: "É uma fonte". Carlos encontra-se com Juana e lhe diz: "Ajude-me porque estou com o carrinho de cachorro-quente". Leva o carrinho de modo imaginário e oferece os cachorros-quentes. Juan passa "voando" com seu personagem de Mickey.

Juana tira os sapatos e diz: "Que barbaridade, as amigas do meu marido estão me vendo", e afasta-se de Carlos.

Juan troca de personagem e cobra de Carlos os recibos de pagamentos dos impostos e as listas de preços.

Liliana aproxima-se de Carlos e lhe pergunta se os cachorros-quentes são naturais. Forma-se uma cena multívoca. Juana é Elisa. Carlos com seus cachorros-quentes. Liliana com seus objetos de plástico. Rita meio morta. Marta com a máscara do extraterrestre.

Em seguida, aparecem outras séries de cenas, nas quais se usam as mesmas ou diferentes máscaras. Carlos coloca uma máscara branca, segura a cabeça e diz: "Não te aproximes de mim". Liliana coloca uma máscara cinza de papel machê; Marta, a do extraterrestre; passa por Juana e lhe diz: "Você é ridícula", e a Carlos: "Você não pode me contagiar". Juana pergunta a Carlos: "A quem você pensa que assusta, a mim?", e em seguida saúdam Juan como se estivessem em uma cena totalmente diferente. Rita diz que está morta e Carlos "é a peste". Formam-se duas cenas. Uma é a luta de Marta com Carlos e Rita que representa a morte. Outra: Juana, Juan e Liliana com jogos espontâneos de apresentação.

DOIS MOMENTOS

Quis destacar a simultaneidade de aspectos, personagens, cenas, fantasias, movimentos corporais, máscaras.

Na sessão há níveis diferentes, momentos de dispersão, e indefinição, de caos, de não-diferenciação e outros nos quais a definição é maior. Momentos de identificação, de unidade, de definição de espaço e tempo. Essas passagens de um momento para outro são muito significativas.

No primeiro, o da dispersão ou momento A, o correr descontrolado de Marta, os momentos de entrecruzamento com os deslocamentos no consultório.

No segundo momento, o da definição ou momento B, colocamos, por exemplo, as duas dramatizações finais ou quando Marta define os personagens com as máscaras.

Aqui eu gostaria de acrescentar as considerações que Julia Kristeva[4] faz sobre a estrutura carnavalesca, o monólogo e o diálogo, a lógica 0-1 e 0-2, o poético etc., já que correspondem às elaborações que pretendo desenvolver a partir deste trabalho com as máscaras, com o corpo e com as cenas.

Kristeva define a estrutura carnavalesca como aquela na qual se rompe a diferença ator-espectador, cenário-platéia. Não há uma rampa de ligação entre eles, e essa passagem autor-espectador-leitor se dá de modo contínuo, na qual quem atua vai criando seu próprio drama, onde a vida e a morte são superadas. O certo pode ser falso e vice-versa, e o entendimento do que acontece não pode se dar por meio de uma lógica binária, em que num pólo estaria a afirmação (o 0) e, em outro, a lei, a definição, o proibido, Deus (o 1). É preciso uma outra lógica, que possa superar, transgredir esse 0 e esse 1, e onde, por cima de uma estrita causalidade-substancialidade, podem ser privilegiadas as relações de analogia, as relações simbólicas. Entra-se numa lógica poética — que não se refere somente à poesia — que a registra como 0-2 sobrepujando a binaridade do 0-1.

Kristeva considera o monólogo como o que está contido na lógica 0-1, e o diálogo como o que está na outra.

Fica difícil entender o trabalho em lugares simultâneos se não levarmos alguns destes conceitos em consideração. Poderíamos dizer que o caótico, o desordenado na sessão, pede uma perspectiva diferente. Não é o "lixo" que deve ser colocado para fora; ao contrário, é a produtividade do inconsciente que manifesta a identidade do "autor" e seu anonimato. Não me refiro somente à terapia com máscaras. Esta ressalta a estrutura carnavalesca, a que não pode deixar de ser lida sob pena de cair no "como se" do acontecer do sujeito.

MOMENTO A	MOMENTO B
Indefinição	Momentos de identificação
Caos	
Indiferenciado	Diferenciado
Linguagem poética	
Estrutura carnavalesca	
Diálogo	
0-1	
Sim-não	

No decorrer de uma sessão, as passagens do momento A para o B e do B para o A e a possibilidade de definição dessas passagens são altamente terapêuticas. Os momentos de identificação relacionam-se com as construções imaginárias conscientes, sua colocação na cena das sessões e sua circulação, o olhar dos outros, um certo ordenamento. O momento A relaciona-se com a desestruturação das construções anteriores. É o lugar do falho, do que não se pode dominar, do absurdo, do inconsciente.

A passagem pendular entre um e outro permite que o desestruturado possa ter determinados graus de organização, que o estruturado possa ser revisado, que o absoluto não seja um determinado mito, e sim a produção de significação que vai sendo gerada no decorrer da sessão. Com a inclusão da venda de cachorros-quentes e da transformação da fonte em "concha", buscam-se referências concretas, as coisas, o absurdo como busca de realidade frente ao multívoco do fantasmal invertido durante a sessão.

Alguns dos conteúdos explícitos que circulam nessa sessão entre os membros do grupo referem-se à morte (morte de uma certa lógica), doença, peste, contágio, loucura, vida, criatividade.

Entendo o texto grupal como aquele que inclui os momentos A e B. Não acontece apenas pela coerência ou pelo mito construídos pelo terapeuta. Inclui a possibilidade de contenção dos despedaçamentos e entrecruzamentos dos diferentes personagens.

Interessa-me, também, destacar que existem pontos-chave de identificação individual (construção de uma personagem, associações, escolha de uma máscara, atitude corporal dramática) e de identificação grupal (por exemplo, a dramatização com uma certa permanência de papéis).

Por outro lado, é significativa a simultaneidade de cenas, aspectos e personagens que se modificam nos entrecruzamentos com outros personagens. Há lugares de identidade e lugares de ruptura dessa identidade onde a linguagem é parodiada sem chegar a se desprender de sua função de representação.

Na dramatização, quando Marta comenta angustiada que corria em uma pista sem fim, sem que nada a detivesse, ela está verbalizando a dinâmica da sessão; está, também, se conectando com o impossível no corpo, e por meio do corpo algo se torna possível nessa mesma ação e verbalização. Ela continua buscando a estruturação imaginária por meio das dramatizações com as duas máscaras. O monstro que representa com uma máscara, e que a ameaça, é a desorganização. Ele assim o é nesse momento do discurso.

Vemos que a desestruturação grupal permite que o terapeuta e os pacientes possam conectar-se com os aspectos congelados: o monstro, a pista sem fim de Marta, os múltiplos personagens do cenário giratório interminável de Juana, o opressivo como lugar de contenção da loucura familiar de Carlos.

Os sapatos que Juana-Elisa encontra no consultório servem para que ela construa sua personagem na qual parecem se conjugar, em uma mesma estrutura, aspectos de sua imagem corporal e da de seu pai. Por meio da construção da personagem de Elisa pude diferenciar essas duas imagens, essas duas identidades; pude encontrar seus pontos de apoio, seus pés diferenciados dos pés de seu pai, seu desejo acima do desejo do pai ("que se case com um milionário").

Paradoxalmente, a sessão de máscaras com uma estrutura carnavalesca lhe permitiu elaborar, para Elisa, outro texto diferente da determinação familiar. Ela se confunde com os outros personagens, mas também define seu personagem de modo simultâneo e sucessivo.

TRABALHO CLÍNICO E PRODUÇÃO DE SIGNIFICADOS

A lógica binária não permite compreender o trabalho com máscaras porque, se estiver constrita a esta lógica, a máscara, no lugar de se colocar em uma lógica do desmascaramento, da passagem para uma outra máscara, se instalaria na do congelamento.

O texto de Julia Kristeva[5] me ajudou a entender e desenvolver as cenas, não na lógica aristotélica 0-1 (princípio, desenvolvimento, fim), e sim na estrutura carnavalesca. Essa estrutura é a que se instaura nessa sessão.

É o caos? É e não é. É, no sentido de uma determinada lógica. Não é, ao poder passar para a lógica 0-2. Esse enfoque é o que possibilita jogar com a linguagem, com a representação e com a não-representação. Também me permite entender que muitas vezes a busca da causa, a cena traumática, é a busca de uma essência, Deus, que explique tudo. Em troca, o jogo carnavalesco tem em si o "jogo duplo", no qual a linguagem se parodia e se relativiza parodiando seu papel de representação sem chegar a desligar-se dele.

Aparece uma pergunta: em muitos dos entrecruzamentos do TLS, onde estaria o entendimento, a significação? Creio que, mais do que um significado previamente definido, há uma produção de significação. No trabalho clínico tento gerar esse espaço duplo: o da paródia e da aceitação da linguagem como representação. Creio que permite des-sujeitar-se do jogo repetitivo, da sobredeterminação da história familiar e social e, por outro lado, este jogo pode ser compreendido.

Esta abordagem coloca a interpretação, não como a revelação da verdade, mas como uma máscara significativa no jogo de máscaras. Leva a sessão a se tornar uma intertextualidade na qual podem ser incorporados o discurso verbal, o corporal, os objetos, as máscaras, os sons, o plástico.

DIFRAÇÃO E MÁSCARAS

Com a máscara produz-se um "aniquilamento" que fenomenicamente se expressa nas dramatizações onde a morte é representada. Aniquilamento da pessoa sujeita à sua própria máscara para desmascarar-se do lugar fixo, máscara fixa, para passar ao lugar da não-identidade, lugar dos entrecruzamentos nos quais um é relativizado pelo outro em busca de uma outra identidade.

O espectador das "forças do destino" (forças que têm a ver com a sobredeterminação histórica familiar e com o lugar atual na estrutura) transforma-se alternativamente em ator-espectador-ator desse jogo entre o diabólico e o angelical da criação dionisíaca de um outro eu.

"A escolha de máscaras em um grupo, por vários pacientes ao mesmo tempo, facilita a produção de cenas simultâneas individuais entre várias personagens. A simultaneidade de cenas é uma faceta sumamente interessante do trabalho psicodramático e do trabalho com máscaras que comecei a desenvolver em 1978. Ele está relacionado com o que Freud assinala como sendo as diversas correntes da vida anímica de um sujeito, por exemplo, em 'O homem dos lobos', ou as múltiplas facetas simultâneas de um sujeito ou de um grupo."

Isso coincide com os desenvolvimentos de Kaës sobre a difração dos grupos internos nos quais aparece, também, a pluralidade de vozes do grupo e do indivíduo, e a necessidade de que o terapeuta possa ouvir "isto" a partir de uma escuta da plurivocalidade.

Segundo Kaës, "para certos pacientes a escuta múltipla é a mais apropriada, visto que esta corresponde à plurivocalidade do discurso grupal, à difração dos grupos internos nas vozes sucessivas e simultâneas do grupo".

Existe uma ambivalência descrita na estrutura da novela entre a paródia, o questionamento da linguagem e a afirmação desta. No TLS essa ambivalência se dá entre a desestruturação, entre os momentos de reunificação e a identidade e seus questionamentos, entre os momentos A e B.

"A cosmogonia que não conhece a causa, a substância, a identidade fora das relações como um todo" permite acentuar o espontâneo, o *statu nascendi* ao qual se referia Moreno, a produção de significação no próprio jogo da sessão, a outra cena no acontecer, o genotípico no fenotípico.

A não-existência de uma "rampa de ligação" anuvia a diferença entre o cenário e o lugar dos espectadores, com o que se modificaria a relação entre o "como se" dramático e o sim da realidade.

"As frases ditas sem continuidade, as repetições que são lógicas em um espaço infinito" podem ser resgatadas não somente na história do sujeito, mas também na estrutura do espaço grupal.

"O drama se instala na linguagem"; sendo assim o carnavalesco não está só no cenário, já que todo "discurso poético é uma dramatização".

Drama como representativo e não-representativo, ruptura das referências a fim de saltar para a criação de sentido.

Visão dramática que inclui a representação, a cena, e também sua ruptura e sua dispersão.

TLS E NÍVEIS PRIMÁRIOS DE PSIQUISMO

Com a estruturação — o momento B — são ressaltados os chamados níveis superiores do psiquismo: a elaboração secundária, catágios do eu mais elaborados, construções fantasmáticas edipianas, desenvolvimentos dramáticos complexos, "grupos de trabalho".

Com a desestruturação — momento A — realizam-se os chamados níveis primários do psiquismo: os estágios pré-edípicos, predomínios de demandas infantis, apresentação de identificações primárias. Refiro-me a "um sentido egóico primário", "eu de prazer", onde os "conteúdos ideativos a ele correspondentes são precisamente os de infinitude e de conexão com o todo" (Freud, *O mal estar na cultura*, p. 67).

No TLS haveria um critério em relação ao grupal que permite o jogo duplo da dispersão e da reunificação.

Na cura são imprescindíveis a desestruturação e a estruturação. Por isso quero destacar a importância do jogo pendular entre um pólo e outro.

"O inconsciente aparece como subjacente à estrutura carnavalesca. Vem à luz através dela."

Como em toda situação psicossocial, a estrutura carnavalesca é um lugar de entrecruzamento de leis que têm a ver com o psíquico (estrutura do sujeito), com o grupal, com o social. Estaria lidando com laços, no nível das relações interpessoais, de uma determinada produtividade psicossocial colocada em cena.

Tomo a afirmação de Freud em que "a psicologia individual é simultaneamente psicologia social". Na situação grupal esta afirmação tem um espaço privilegiado de experimentação como matriz de processamento de fenômenos psíquicos e sociais. A terapia em lugares simultâneos desestrutura aquelas modalidades psicossociais que funcionam como máscaras em nível individual e grupal (modalidades que procuram ser consolidadas pelas condutas adaptadoras de determinadas correntes da psicoterapia, em geral, e de grupos em particular).

A terapia em lugares simultâneos, ao colocar em destaque a estrutura carnavalesca, é um modelo psicossocial que dá maior clareza aos estereótipos na prática grupal, o jogo entre estruturação e desestruturação, a relação entre a estrutura do sujeito e os fenômenos grupais.

NOTAS

1. Trabalho publicado na *Revista Argentina de Psicologia e Psicoterapia de Grupo*, vol. XI, nos 3 e 4. Buenos Aires, 1986.

2. *Pigmalião*, de Bernard Shaw.

3. *Autêntica*: do latim, ação com a qual se certifica a identidade e a verdade de uma relíquia ou um milagre; cópia autorizada de uma ordem, carta etc.

4. Transcrevo a seguir parágrafos do livro *La semiótica*, tomo I. "A capacidade de um sistema lógico de base zero-um (falso-verdadeiro, nada-verificação) dar conta do funcionamento da linguagem poética" (p. 196) (*Linguagem poética* não se refere apenas à poesia. M.J.B.).

"Uma semiótica literária deve ser construída dentro de uma lógica poética na qual o conceito de potência do contínuo poderia englobar o intervalo de 0 a 2, uma seqüência em que 0 e 1 são implicitamente transgredidos. O proibido (lingüístico — psíquico-social) é o 1 (Deus, a lei, a definição), e a última prática lingüística que escapa a essa proibição é o discurso poético" (p. 197).

"A descrição realista, a definição de um caráter, a criação de uma personagem, o desenvolvimento de um tema: todos esses elementos descritivos do relato narrativo pertencem ao intervalo 0-1 e, portanto, são monólogos" (p. 198).

"O único discurso no qual se realiza integralmente a lógica poética 0-2 seria o do carnaval: ele transgride as regras do código lingüístico, assim como a moral social, adotando uma lógica de sonho. De fato, essa transgressão do código lingüístico (lógico-social) no carnaval não se torna possível principalmente porque existe uma lei diferente. O dialogismo não é a 'liberdade para dizer tudo': é uma 'burla' (Lautreamont) mas é a dramática, um imperativo diferente do 0."

"A novela que engloba a estrutura carnavalesca é chamada polifônica."

"Entre os exemplos que dá Bajtin, podem-se citar Rabelais, Swift, Dostoievsky. Poderíamos acrescentar a novela 'moderna' do século XX. Assim, o tema bajtiniano do dialogismo como exemplo semântico implicaria: o duplo, a linguagem e a outra lógica. A partir desse tema, que pode adotar a semiótica literária, delineia-se uma nova abordagem dos textos poéticos."

"Por sua vez, a lógica que inclui o 'dialogismo' é: 1) uma lógica de distância e de relação entre os diferentes termos da frase ou da estrutura narrativa que indicam um porvir em oposição ao nível de continuidade e de substância, que obedecem à lógica do ser, e que serão designadas como monológicas. 2) Uma lógica de analogia e de oposição não excludente, em oposição ao nível de causalidade e de determinação identificante que será designado como monológico. 3) Uma lógica do 'transfinito', conceito que tomamos de Cantor, e que introduz a partir da 'potência do contínuo' da linguagem poética, 'imediatamente superior' (não deduzida de modo causal) a todas as seqüências anteriores à seqüência aristotélica (científica-monológica-narrativa). Então, o espaço ambivalente da novela apresenta-se ordenado por dois princípios de formação: o monológico (cada seqüência está determinada pela anterior) e o dialógico (seqüências transfinitas imediatamente superiores à seqüência causal anterior). O diálogo aparece com maior clareza na estrutura da linguagem carnavalesca, na qual as relações simbólicas e de analogia estão acima das relações substância-causalidade. O termo ambivalência será aplicado à permutação de dois espaços que se observam na estrutura novelesca: 1) o espaço dialógico; 2) o espaço monológico" (pp. 198-200).

5. "A estrutura carnavalesca é como o rastro de uma cosmogonia que não conhece a substância, nem a causa, nem a identidade fora das relações com o todo, que não existe mais dentro da relação, nem por ela. A sobrevivência da cosmogonia carnavalesca é antiteológica (o que não quer dizer antimística) e profundamente popular."

"O carnaval é essencialmente dialógico (feito de distâncias, relações analógicas, oposições não-excludentes). Esse espetáculo não conhece rampas, esse jogo é uma atividade; esse significante é um significado. Significa que dois textos se encontram, se contradizem e se relativizam nele. Quem participa do carnaval, às vezes é ator, outras vezes espectador, perde sua condição de pessoa para passar ao zero da atividade carnavalesca e desdobra-se em sujeito do espetáculo e objeto do jogo."

"No carnaval o sujeito acaba aniquilado: nele cumpre-se a estrutura como anonimato que cria e se vê criado, como eu e como o outro, como homem e como máscara."

"O dionisismo nietzschiano poderia ser comparado ao cinismo desse cenário carnavalesco que destrói um deus para impor suas leis dialógicas."

"Tendo exteriorizado a estrutura da produtividade literária reflexionada, o carnaval, inevitavelmente, traz à luz o inconsciente subjacente a essa estrutura: o sexo, a morte. Entre eles se organiza um diálogo."

"As repetições, as frases ditas sem continuidade (e que são 'lógicas' em um aspecto infinito), as oposições não-excludentes que funcionam como conjuntos vazios ou somas disjuntivas por não citar mais do que algumas figuras próprias da linguagem carnavalesca, traduzem um dialogismo que nenhum outro discurso conhece de modo tão flagrante."

"Assim, o cenário do carnaval, no qual não existem nem 'rampa' nem 'sala', é cenário e vida, jogo e sonho, discurso e espetáculo: com tudo isso, é a proposição do único espaço no qual a linguagem escapa da linearidade (a lei) para viver um drama em três dimensões; o que, de modo mais profundo, também significa o contrário, isto é, o drama se instala na linguagem. Isso exterioriza um princípio cardinal: todo discurso poético é uma dramatização, uma permutação (no sentido matemático do termo) dramática de palavras."

"No discurso do carnaval aparece o fato de que 'a situação mental é como os meandros de um drama' (Mallarmé)."

"O cenário do que é sintoma seria a única dimensão na qual o teatro seria a leitura de um livro. Sua escrita operante."

"Dito de outro modo, esse cenário seria o único lugar onde se realizaria a 'infinidade potencial' do discurso no qual, por sua vez, se manifestariam as proibições (a representação, o 'monológico') e sua transgressão (o sonho, o corpo, o 'dialógico')."

"No cenário generalizado do carnaval, a linguagem se parodia e se relativiza, repudiando seu papel de representação (o que provoca o riso), sem chegar a se desligar dele" (pp. 208-210).

Tchekhov: O poder
da ordem ou
a ordem do poder

Alguma coisa está fora de ordem
Fora da nova ordem mundial

CAETANO VELOSO

Por sugestão de um paciente, retomo um livro de Anton Tchekhov procurando os contos: "El duelo" e "Mi vida". Não os encontro, mas acho um intitulado "La máscara". Há um baile de máscaras no Círculo da cidade X. Na sala de leitura irrompe um mascarado corpulento coberto com uma máscara emplumada, com uma bandeja com comida e bebidas alcoólicas. Interrompe a paz e a leitura dos assistentes. Quando estes reclamam, ele rompe, aos gritos, o jornal de um dos leitores. Não sabe quem sou eu? Sou o dono do banco... etc. etc. O mascarado torna-se mais violento e diz que não se importa. São chamadas as autoridades, diante das quais o mascarado não se intimida. A indignação dos leitores e das autoridades vai aumentando até que o das plumas resolve tirar a máscara. Todos ficam assombrados, pois quem se ocultava por trás dela é o milionário do povoado. Todos festejam uma brincadeira tão engenhosa. As autoridades fazem os leitores sair, e a biblioteca é transformada em parte do festejo. Em seguida, o milionário volta ao salão e se encosta para dormir perto da orquestra que anima o baile. Alguém o desperta amavelmente e o acompanha até sua casa.

— Ao depedir-se, estendeu-me a mão — disse Jestiakov muito contente. — O que quer dizer que não houve nada!... Que não está aborrecido!...

— Deus o ouça! — suspirou Evstrat Spiridonich. — Ele é um indivíduo ruim e canalha, mas ao mesmo tempo... um benfeitor!... e... o que se há de fazer!

Na primeira parte do conto, no momento da irrupção, quem escreve fica em dúvida entre a identificação com o leitor do salão de leitura e a simpatia por aquele que irrompe com o carnavalesco. Está presente o poder da ordem da sala de leitura diante do qual sublevam-se as máscaras. Em seguida, é a ordem do poder do milionário diante de quem os demais devem curvar a cabeça e colocar a máscara da submissão diante da máscara do poder.

A ambivalência, um dos elementos da estrutura carnavalesca, é expressa dentro do texto pelo personagem que diz que o milionário é, ao mesmo tempo, ruim e canalha, e também um benfeitor.

A cena inicial com máscaras, cena carnavalesca típica, é levada aos limites do enfrentamento entre o "sim" da realidade da biblioteca e o "como se" do jogo. Não vencem a liberdade do jogo nem a volta ao "sim" da biblioteca, mas o "sim" do poder. A segunda cena com máscaras, mas já com máscaras próprias, isto é, com rostos descobertos, rompe com o carnavalesco colocado no começo. Marca, paradoxalmente, com o mascaramento-desmascaramento social do propulsor do jogo, o limite da liberdade da situação carnavalesca.

A passagem do poder da ordem (a paz da sala de leitura) à ordem do poder permanece fora da estrutura carnavalesca e da ordem da liberdade do jogo. A transgressão nas duas situações é marcada pela violência, pelo poder e pela ordem.

Os títulos procurados por sugestão de meu paciente ressoam tanto quanto essas marcas marcam a vida com dores.

O leitor do interior do conto, o leitor do conto e o escritor desse comentário não permanecem alheios diante dessa dramática.

Como se sente o leitor dessas linhas?

Ao refletir sobre este relato, me vem à mente a situação do diretor de uma escola que irrompe contra uma sugestão-ordem, na ordem de trabalho, que foi dada durante sua ausência.

Ele tenciona atropeladamente superar sua situação de exclusão, gerando outra talvez maior, ao querer entrar abruptamente e sem consulta prévia nas classes que já estavam funcionando dentro de um determinado padrão.

O diretor-coordenador sempre gera, por sua função, um distanciamento em relação aos outros. Se o grupo é um círculo, o coordenador deve poder avaliar algumas de suas funções externamente a esse círculo. Deve poder tolerar essa exclusão. O lugar do morto no *bridge*, diria Lacan. O lugar do pai é o lugar do morto. Para isso ele deve poder elaborar "a dor" por essa distância perdida... ou ganha.

É que só se pode construir "a vida" elaborando-se continuamente determinadas perdas. Claro que elas não devem ser processadas somente pelo coordenador ou apenas por uma parte da escola. A passagem das verticalidades para as horizontalidades é uma tarefa coletiva. Há sempre um desejo coletivo para se instaurarem gurus, deuses, adoradores e também, como negar, devoradores do corpo do outro.

Dois modelos de canibalismo: o da comida totêmica que tem a ver com o assassinato do pai e sua ingestão, e, por outro lado, Saturno que devora seus filhos.

O que é
o salão?

O que é este lugar com máscaras?, perguntou o jardineiro ao ver o salão de trabalho com seus espelhos, tecidos, chapéus, manequins, máscaras.
É um lugar para os que crêem desacreditadamente.
É um lugar de cerimônias.
No salão pode-se conviver reservadamente com os fantasmas.
É o lugar onde os sonhos se encarnam.
É, não sendo, o inferno de Dante.
O inferno das paixões, dos desencontros intermináveis, cotidianos, históricos, e o lugar do amor, do resgate, do reencontro.

III
O corpo
da imagem

Irene Altmon '93

Presença do corporal

Havia pensado bem. Uma máscara de plumas e um ornamento de águia teriam agradado mais sua vaidade e estaria mais de acordo com seu espírito. Mas as formigas mereciam uma homenagem tardia, e ele saberia assumir com grandeza esse novo aspecto de sua personalidade tão rica. Totalmente, ele já não estaria mais em seu próprio corpo. Estaria em cada um e em todos os convidados que portassem sua máscara. Seu rosto, com os olhos no exato tom acinzentado de seus próprios olhos e diminutas agulhas nas pupilas para que os convidados vissem através de seus olhos. Os olhos dele. Então nada do que haveriam de ver, ou do que veriam, lhes seria ofensivo.

LUISA VALENZUELA

O corporal está presente, dá cor aos diferentes capítulos deste livro.

Entendo a verdade do corpo, não tanto porque este não minta, mas como lugar de entrelaçamento entre o esquema corporal (substrato biológico) e a imagem inconsciente do corpo (pulsão e desejo). Verdade como afirmação, como vontade, como destino que se afirma no existir. A graça do corpo provém desse entremeado no qual estão presentes a carne e o espírito.

Na poética do desmascaramento parece imprescindível escapar da trama cartesiana estendida entre a *res cogitans* (o pensar) e a *res extensa* (o extenso, o corporal). A espacialidade do corpo se entrelaça com sua temporalidade e com sua fantasmática.

O corpo está envolvido pelas diferentes problemáticas psíquicas. Na histeria, na neurose obsessiva, na psicose, nas perversões. Nas definições clássicas, a angústia é descrita como ansiedade somada a um componente corporal. Nos transtornos da personalidade onde o corpo denuncia, enuncia, representa o que as palavras dizem pela metade. Embora em todo retalhe e ofusque a verdade.

O corporal vem para a consulta, às vezes de forma direta, às vezes como um personagem tácito.

Em outros, o corpo é explicitamente o centro da cena. "Meu corpo é fraco", "tenho vergonha do meu corpo", "não posso me ver no espelho", "não paro de comer", "não como", "sou gorda", "tenho úlcera gástrica", "em breve serei operado", "os médicos dizem que não tenho nada, mas isso me incomoda", "dói", "os problemas são sexuais", "tenho fortes espasmos", "sinto meu corpo como se estivesse dentro de uma couraça" etc.

A escuta não é unidirecional. A simultaneidade de cenas leva o terapeuta a escutar o corporal e o verbal e a "outra cena", que é a do inconsciente. A escuta, como a mensagem, são plurívocas. Não se dão somente com os ouvidos nem com a voz. A resposta e o operante passam do diálogo verbal para o corporal, e para o expressivo.

O que importa não é tanto o enunciado de uma verdade, nem a leitura corporal que coloca o terapeuta entre oráculo e adivinho, e sim o diálogo da situação, onde a transferência (entrelaçada de presente e passado, real e imaginário, pessoa e personagem, projeção e percepção real, confusão e discriminação, necessidade e desejo, objeto interno e externo, meu corpo e o do outro) é causa e efeito.

O trabalho corporal focaliza um ponto marcado com luz própria e também percorre a seqüência de zonas adormecidas ou escondidas.

Em meu trabalho, embora às vezes haja predominância de determinada "técnica", estão sempre incluídos o corpo, as cenas, as máscaras, o expressivo, o verbal. Não tanto a partir de uma multiplicidade de recursos técnicos, mas desde um "ver" ao modo em que Dolto explicita seu espelho como oni-reflexivo (ver p. 80).

Isso explica a presença do corpo e as particularidades do trabalho corporal em cada um dos exemplos clínicos.

Com Margarita (p. 124) por meio da construção da máscara entendida como concretização, especialização da imagem corporal; na queda de Letícia (p. 123) como busca apressada do chão que a proteja grande parte do trabalho corporal e das "aulas de inglês" posteriores estiveram centradas no *grounding* ou enraizamento, que é um modo de se firmar no chão. Nessa sessão, Letícia havia perdido a base de sustentação e a buscou com a queda que, por sua vez, marcou caminhos para seu trabalho posterior. Em "Reportagem sobre Trabalho em Lugares Simultâneos e estrutura carnavalesca" Liliana (p. 55) constrói, em argila, a imagem de seu fêmur, que está relacionada com o esqueleto de sua irmã e com a história familiar. No artigo "Trabalho em lugares simultâneos" proponho a Carlos um jogo de desestruturação corporal a partir dos exercícios de Tai Chi que ele propõe ao grupo, e que lhe davam um suporte para poder elaborar o gesso usado na puberdade oficiando seu limite corporal-castração. Elisa-Juana, por meio de chinelos-sapatos que encontra no consultório e que utiliza em uma dramatização, leva para lá o corpo de seu pai, o encontro com a autenticidade de seu corpo e o cenário giratório. Juan (p. 126), pela postura de seu corpo na cadeira do cinema e da máscara de Bobo, repete sintomas psicossomáticos gerando melhores condições para sua reelaboração. Marta (p. 120), com os deslocamentos da agressão, primeiro localizada em sua cabeça, em seguida na barba da máscara e no modo de descarregar energia, faz um itinerário que permite passar da auto para a heteroagressão, e poder falar o que aparecia como um intento de liquidar o aparato de pensamentos (Bion). A investigação do corpo do coordenador em "Formação e identidade" (p. 169) é um passo imprescindível na definição da identidade profissional.

Essas descrições clínicas me permitem voltar a refletir sobre a inclusão do corporal em meu trabalho clínico.

O espelho

... muitas pequenas luas de resplandecentes espelhos.

MIGUEL DE CERVANTES SAAVEDRA

*Os espelhos repetem o mundo mas teus olhos o
mudam: teus olhos são a crítica dos espelhos:
creio em teus olhos.*

OCTAVIO PAZ

Dei-me conta de que o tema do espelho está distribuído em diferentes trechos, capítulos, folhas, fragmentos do livro. Mas que também *exige* um lugar onde possa compor uma imagem única. O espelho deixa de ser um certo tema a se desenvolver, e joga com as páginas e as letras, com o autor e com o leitor.

O texto é jogado pelo espelho. Este sobrepõe-se às explicitações. Jogo de fragmentação e de busca, de unidade, de espaços reais e virtuais, de pontos cegos e de máxima visibilidade, do visível e do invisível, de fantasmas e de pesos-pesados.

Se o espelho tem a ver com o tema da representação, o livro está constantemente tentando representar aquilo que escapa à possibilidade de sê-lo. O livro é como um espelho de letras, que se aproxima assintomaticamente de um modelo difuso. É um modelo que não existe previamente, embora ele exista para a pintura realista. De fato, o texto representa, freqüentemente, por meio das descrições das experiências que realizo, esse acontecer entre cerimonial e asséptico das cenas com máscaras. Mesmo naquelas que chamo de protocenas nas quais a estrutura não é suficientemente clara para que sejam consideradas cenas. Essas protocenas são a paixão da arte moderna, é o que escapa e é captado pela fotografia, pelo poema, pelo quadro etc.

Em nossas experiências com máscaras, o espelho está sempre presente e nos acompanha. Às vezes, torna-se pesado nos traslados.

Há quem se pergunte se o espelho não poderá quebrar a autenticidade da cena. Em função de se ver refletido, alguém pode modificar o que estava representado. Mas é o que se vê. Não será, por acaso, outra ilusão sobre sua própria realidade? Nesse sentido, o espelho é um outro com quem alguém está dialogando. Diálogo que vem do fundo da história pessoal e da relação com o olhar da mãe, que é o espelho onde a criança se vê. É a busca do ser na imagem espelhada, com a qual se constroem os princípios de alienação "no outro".

Poderia parecer que o espelho não tem inércia, impedância, nem história. Parece que é assim. De fato, a literatura e a arte tornam reiteradamente presentes a carga simbólica e a história do espelho.

O espelho se encontra no centro da busca para apreender o que é o corpo, que lugar ocupa, o que significa, qual é o seu papel. Qual é a imagem do corpo e como esta se amolda.

Ovídio relata o mito de Narciso, no qual este encontra sua imagem na superfície espelhada de um lago. Quando quis pegá-la, para diminuir a distância entre seu corpo e a imagem, ele morre afogado no fundo do lago. Tomando essa história, Freud introduz o tema do narcisismo dentro da psicanálise.

Vão aparecendo diferentes conceituações sobre a imagem do corpo, que levam em conta a complexidade da relação entre o biológico, o relacional, o erógeno (as zonas erógenas, a pulsão, o desejo), a sensibilidade, a mobilidade, o tonismo, o postural, o movimento, a relação com os pais, a linguagem... Dentro dessa complexidade, o espelho parece unificar esses diferentes elementos, assim como dá uma imagem de unificação diante da percepção do corpo como fragmentado. Desse modo, aparecem conceitos relacionantes como: corpo, imagem corporal, fase do espelho, esquema corporal, imagem inconsciente do corpo, corpo fragmentado, imagem do espelho, mapa fantasmático corporal. Como se articulam esses conceitos?

Lacan assinala que o *infans*, a criança anterior à palavra, quando com seis meses de idade está diante de um espelho e vê sua imagem refletida, tem uma percepção visual da unidade da imagem de seu corpo, mesmo quando sua percepção proprioceptiva seja a de um corpo fragmentado. Há um jogo, que irá durar toda a vida, entre a percepção do corpo como fragmentado e a percepção especular de unidade da imagem. O encontro com a própria imagem no espelho provoca, na criança, uma expressão de júbilo.

Corpo fragmentado _____ Imagem especular

No processo de construção da imagem de uma criança, a imagem vista no espelho fora de seu corpo exerce um papel muito importante.

Dolto [a] descreve o esquema corporal e a imagem inconsciente do corpo. O esquema corporal é constituído pela estrutura biológica. É o lugar da necessidade, constituído pelo corpo em sua vitalidade orgânica. A imagem inconsciente do corpo constitui-se na experiência intersubjetiva. Está edificada na relação de ordem lingüística. Está mediada pela palavra. Tem a ver com o lugar do desejo e com o inconsciente. O encontro ou a elaboração da imagem inconsciente do corpo é um processo doloroso no qual entra o tema da castração, entendida como diferenciação, constatação que o separa da imagem...

ESQUEMA CORPORAL	IMAGEM INCONSCIENTE DO CORPO
Substrato biológico estruturado Lugar da necessidade Lugar fonte das pulsões	Desejo Lugar do inconsciente Lugar de representação das pulsões

Fala do espelho como sendo oni-reflexivo, isto quer dizer que a criança no espelho não vê apenas o visual, mas também, entre outras coisas, o audível, o sensível, o intencional. Diz que a imagem especular ajuda a modelar a imagem inconsciente do corpo. Ressalta o rosto humano como outro, como espelho para a criança. O espelho, para Dolto, não é somente a parede espelhada, mas especialmente o rosto da mãe. O substrato relacional com a linguagem. Assinala a relação entre a imagem inconsciente do corpo e a imagem especular. A imagem especular ajuda a modelar a imagem inconsciente do corpo.

Nassio ressalta três diferenças durante a fase do espelho em Lacan e em Dolto.

	LACAN	DOLTO
1) Espelho	Como superfície plana e visualmente reflexiva	Superfície psíquica oni-reflexiva de qualquer forma sensível
2) Imagem especular	Corpo fragmentado A imagem especular é globalizante	Imagem inconsciente
3) Como experiência afetiva	Júbilo	Prova dolorosa de castração

O mapa fantasmático corporal joga com os deslizes entre a imagem especular e a imagem inconsciente do corpo.

Entre a imagem inconsciente do corpo e o esquema corporal (Dolto).

Entre o corpo fragmentado e a imagem especular (Lacan).

A odisséia
do corpo

Ulisses volta para casa disfarçado de mendigo, não quer que o reconheçam. Sua mulher, Penélope, não o identifica quando o vê. Em seu disfarce, ele conta sobre Ulisses. Penélope, agradecida pelo relato, oferece-lhe hospedagem e pede um banho dado pelas jovens escravas. Ulisses recusa as jovens e pede para ser banhado por "uma anciã que conheça anos de sofrimento". Penélope chama Euricléia, que foi a nutriz de Ulisses. Ao lavar seus pés, Euricléia descobre a ferida que ele tinha nesse local. Quando está a ponto de emitir um grito de surpresa, Ulisses lhe sugere que se cale.

Homero volta atrás na história e relata o momento em que Ulisses, adolescente, vai à casa do avô materno para receber riquezas que lhe haviam sido prometidas desde criança. Sai para caçar com seus primos e é atacado por um javali que lhe causa a ferida na perna.

Ulisses o mata.

Após percorrer o mundo durante vinte anos, ele retorna escondendo-se dos olhares dos pretendentes de Penélope, que desfaz, à noite, o que havia tecido durante o dia.

Ao retornar, Ulisses é reconhecido somente por Argos, seu cão, e pela anciã. Esta é a representante da figura materna. Foi quem o amamentou e criou quando pequeno.

Nessa ferida ele é reconhecido em sua identidade. É a marca que lhe fez o javali que Ulisses mata em uma cerimônia de passagem da adolescência para a idade adulta. Em seguida, o javali é comido. É uma espécie de comida totêmica; por trás da morte do javali, a figura do pai.

O corpo de Ulisses está marcado por sua história pessoal. Seu corpo é percorrido por textos que são tecidos e desfeitos ao longo dos dias e das noites.

Há um mapa. É um corpo marcado, histórico e erógeno.
O corpo percorre uma história tecida de palavras, ações, afetos, contatos, sensações. É um corpo pessoal, individual, e também nesse corpo está o corpo familiar e social. As histórias convivem entre si. É um percurso biológico, relacionado com prazer e angústia, unidade e fragmentação, reparação e destrutividade.

A marca, a cicatriz, é máscara. Esta é o emblema desses percursos.

O percurso é a odisséia do corpo.

Visualização*

*Como o olho de Deus em determinadas estampas, aquele olho
humano convertia-se em um símbolo. O importante era
recolher o que esse olho filtraria do mundo antes que se
fizesse noite, controlar seu testemunho e, se fosse possível,
retificar seus erros. Em certo sentido, o olho
se contrapunha ao abismo.*

MARGUERITE YOURCENAR

No cotidiano, se digo: "Verei se posso ir", estou tentando me apropriar do futuro, e poderei fazê-lo se isso é o que visualizo.

Ao visualizar retiro aquele "outro" desconhecido da obscuridade e o torno presente. Coloco-o no cenário, ilumino-o, e ele fica emoldurado dentro de uma cena. Já aqui há leis, uma certa coerência, uma certa harmonia imprescindível diante do caos do real. Ao visualizar o estômago através de um exercício corporal com máscaras, aproprio-me dele que fica fora do desconhecido.

Ao se visualizar, repete-se a cerimônia primária e inaugural, aquela que faz uma criança quando reconhece a imagem de seu corpo no espelho. Nesse sentido, visualizar, embora seja um exercício de concentração individual, é um modo de gerar espelho, reconhecimento através do olhar do outro.

Em minha prática terapêutica, artística, corporal, pretendo ouvir não só o visível; que também esteja presente o que está fora da cena e da luz.

Dar espaço às reverberações e aos brilhos do silêncio.

---

* Texto publicado na revista *Kiné*, ano 1, nº 3, agosto de 1992.

A queda

Enquanto Letícia[1] escolhia máscaras no consultório pela primeira vez, começou a fazer um relato ao qual voltava sempre que as máscaras apareciam em cena. Quando pequena, ela se fantasiou de marinheiro em alguns carnavais, e ficava encantada ao ver que todos a olhavam com admiração. Ao ir ao circo, tinha medo dos palhaços. Escolheu três máscaras. Sentou-se em uma cadeira de diretor que há em meu consultório. O ato de sentar-se causou-lhe um momento de tensão. Parecia estar a ponto de saltar ou fazer uma corrida muito importante. Escolheu uma das máscaras, colocou-a e dirigiu-se para o espelho. Observou-se e arrumou uma mecha de cabelo que caía sobre a máscara. Alisou a máscara como se estivesse querendo distinguir os territórios. Qual era o seu e qual era o da máscara. Voltou rapidamente a sentar-se na cadeira. Manteve aquela rigidez inicial. Pouco a pouco foi se encostando, contando sobre o marinheiro ou sobre o circo que a assustava e que seu pai sorriu quando viu... Mas seu discurso não serviu para sustentá-la. Um efeito de dupla (recorro à física da escola para ter apoio) foi posto em ação, continuou recostada recordando o que ocorrera na infância, mantendo a dureza e certa crispação no rosto, a posição da cadeira não variou de ângulo, o respaldo de couro (troquei o tecido por couro há muitos anos, quando supus que o couro seria mais forte e daria maior solidez ao assento) recebeu um peso maior do que o couro horizontal, as diferenças de força foram se tornando maiores e pouco a pouco foi deslizando para trás, até que caiu batendo com o ombro e a cabeça no chão. Não pude fazer nada para evitar a queda. Apenas a observei. Pela perspectiva, pude apenas ver que suas pernas ficaram no ar. Quanto tempo ficou assim, não pude registrar.

Ao recordá-los, parece que esses diferentes momentos duraram uma eternidade, embora tivessem ocorrido em um instante. Quando me refiz, levantei-me rapidamente e ajudei-a a se refazer, pegando-a pelos braços, tirando-a daquela prisão representada pela cadeira. Ela se acomodou novamente no assento e, mudando de assunto, consultou-me sobre algo que, para ela, era muito importante. Durante o tratamento, tentei várias vezes retornar ao momento da queda. Muitas vezes ela o evitava, e em outras retomava o tema do marinheiro e do circo. Eu não devia me fazer de sagaz relacionando o circo com a queda. Deveria esperar por outras ocasiões. Muitos dos recursos que utilizei com Letícia relacionam-se com esse momento "traumático". Muitas vezes, a partir de suas fantasias, temo que, entre uma sessão e outra, ela tenha uma espécie de ataque persecutório, como gases que invadem seu departamento, espiões que a vigiam, seres interplanetários que a observam com máquinas especiais, antigos personagens que reincidem em seus ataques fantasiosos. Quando está prestes a sair do consultório e a percebo disposta a enfrentar uma guerra mortal onde irão intervir o porteiro de seu prédio, advogados de antigos pleitos, a polícia, e até mesmo o presidente da República, trato de sintetizar os trabalhos realizados durante muitas sessões e lhe digo: Letícia, *to wait* (esperar) *grounding* (enraizamento), a melhor defesa é o melhor ataque. Atendo às diferentes funções que exerço com ela que, logicamente, em outras circunstâncias, não me sentiria capaz de exercer: professor de inglês, de bioenergética, de caratê, meteorologista. Talvez eu tenha de recorrer a esses ofícios, tenha de me disfarçar com essas vestimentas para poder ajudá-la a se enfrentar com esses objetos bizarros (persecutórios), para que eles não a derrubem da cadeira-território. Talvez esses diferentes recursos lhe permitam, em algum momento, produzir-dirigir um filme diferente, mais do que fazer o filme da sua queda. Para dizer a verdade, alguns deles ela já está dirigindo.

Em uma sessão familiar que tive com suas irmãs, elas falaram de suas mudanças corporais. Como, de um corpo rígido com poucos movimentos, ela foi incorporando uma certa flexibilidade. Seu corpo parece ser a tela de cinema onde, junto com antigos filmes de terror, surgem outros, com outras harmonias. As terríveis lutas de antigamente, nesse momento, estão reduzidas, muitas delas, àquilo que conta no consultório. Não obstante, sempre me fica a interrogação da queda. Em muitas ocasiões penso que essa queda foi uma metáfora, repetição de outras quedas traumáticas, sem aspas, que continuam presentes. Mas, às vezes, minha curiosidade, minha ânsia de saber, talvez o simples medo de minhas quedas ou simplesmente um desejo de cortar caminhos, me leva a voltar a esse episódio. Indefectivelmente, entre minha pergunta e uma resposta direta antepõe-se o ruído do carnaval, algumas mascarazinhas que passam saltando alegremente atirando serpentinas na noite quente, um palhaço que faz rir mas que, ao mesmo tempo, impõe um certo respeito cheio de mistério e, sobre tudo isso, aparece um marinheiro que, estufando o peito, me faz calar simplesmente com seu olhar posto no horizonte, buscando imagens de outro continente.

NOTA

1. Ver p. 123 .

Mapa fantasmático corporal

Que ninguém esqueça esta noite!
Hoje, eu
tocarei a flauta
de minha própria coluna vertebral.

VLADIMIR MAIAKOVSKI

As primeiras elaborações sobre o mapa fantasmático corporal (ainda sem esse nome) estão desenvolvidas no livro *Las máscaras de las máscaras,* como a explicitação do quebra-cabeça do corpo. Queríamos dar relevância à fantasmática existente nas diferentes partes do corpo. Para isso, representava-se o corpo com almofadões, máscaras, dramatizações e exercícios corporais. Elina Matoso, em seu artigo "Mapa fantasmático corporal", descreve os passos para a construção do mesmo. O corpo como território está relacionado com a imagem e o esquema corporal e com a temática do grupal, o mapa fantasmático corporal, grupal e a ilusão de completitude.

Em "Corpo, psicodrama e psicoterapia de grupo" (ver p. 43) correlaciono Mapa Fantasmático Corporal (MFC) com as cenas, o grupal e a imagem corporal.

Esses trajetos na definição conceitual do MFC procuram correlacionar, estabelecer pontes entre o corporal entendido como esquema, configuração biológica, imagem, corpo do desejo, e a palavra e as diferentes manifestações no campo da psicoterapia, da psicanálise, e das relações humanas em geral.

Junto com o mapa fantasmático (MFC) existe um Mapa Fantasmático Social (MFS), no qual está incluído o familiar. O MFC e o MFS são dois lados de uma mesma moeda. O MFC é uma formação que permite articular a constelação fantasmática inconsciente, o esquema corporal e a imagem inconsciente do corpo. É um modo de reconstrução dos hieroglifos inscritos na imagem do corpo.

O primeiro passo na revelação do MFC é apresentar, enfrentar as marcas inscritas nessa imagem corporal; é a revelação dos signos à maneira da fotografia, onde os grânulos se precipitam com o efeito da luz.

O segundo passo é a decodificação desse mapa.

O MFC inscreve essa dupla função do significado, a semiótica e a simbólica.

"A semiótica é uma modalidade heterogênea em relação ao sentido, mas está sempre vinculada a ele, em relação de negação ou de excesso com ele", diz Kristeva.

O MFC tenta ocupar o lugar de equilíbrio entre o não-inscrito, que causa sintoma, que aparece como falido, angústia, alucinação, que tem a ver com energia livre, com a pulsação de morte, com a representação de algo e, por outro lado, com a função simbólica, constituinte da unidade de sentido, da representação da palavra.

Dolto diz: "Ao estender-lhe a massa de modelar, eu lhe disse: 'Pode pegá-la com a sua *boca de mão*'". Dolto lembra que "a menina encontrava-se no estágio oral no qual a criança desloca a oralidade para todas as partes, e são precisamente as mãos que, como a boca, sabem agarrar, soltar e falar". Com essa afirmação ele mostra a complexidade da imagem do corpo, dá sentido e possibilita a construção do MFC. Um corpo à semelhança da fantasmática da criança. No estágio em que se encontra, escuta o corpo e dialoga com ele, podendo lhe dar palavra.

A construção do MFC é uma operação que amplia a função do espelho. Ali, onde fracassa a palavra do pai (como instauradora da lei, por ser absoluta, não pode fracassar), o MFC deve jogar reconstituindo esse percurso de, por um lado, ser escuta "das balbúcias" do sujeito, regenerar o lugar maternal dos gorjeios, movimentos corporais, signos desprovidos de sentido (nisso está incluída a necessidade de não limitar toda comunicação do sentido), permitir o jogo onipotente de receber um eco especular do outro, como se esse outro fosse nada mais nada menos do que a continuação do próprio corpo e, ao mesmo tempo, receber palavras "ordenadoras" produtoras de simbolização. A função materna estaria relacionada com poder não se espantar diante da comunicação semiótica. Quando Freud insiste em dar tempo à interpretação, ele está, em grande parte, dando tempo a esse tipo de comunicação.

O central na tarefa da cura está no jogo existente nessa correlação. Adquire um dramatismo singular no psicótico que está mergulhado entre a comunicação semiótica e a simbólica, com alucinação e delírio.

Quebra-cabeças do corpo e dos órgãos internos

Um coração talvez seja algo impuro. Pertence
aos quadros da anatomia e à vitrine do açougueiro.
Prefiro teu corpo.

MARGUERITE YOURCENAR

A construção do quebra-cabeças do corpo é um percurso que pode ser efetuado em relação aos órgãos internos, de modo a permitir certo grau de "visualização" dos mesmos. Faz parte da construção do MFC. Nem sempre é necessário fazer-se um percurso completo, ao estilo da seqüência que aqui menciono. O importante é a metabolização da fantasmática emergente em cada um dos passos. O percurso é diferente para cada patologia, por exemplo, na úlcera gástrica, na anorexia nervosa, na bulimia etc.

Embora seja empregado especialmente em pacientes psicossomáticos, com transtornos corporais, orgânicos ou com componentes hipocondríacos, pode ser jogado com toda pessoa, como modo de investigar a fantasmática sobre o interior do corpo, independente de haver ou não determinada patologia. É um modo de escolha na investigação das fantasias sobre o interior do corpo.

Menciono os passos que, possivelmente, podem ser dados:

a. Imagem ou fantasia de órgãos internos ou percurso interno do corpo. A partir de um exercício de concentração e de relaxamento focaliza-se imaginariamente a atenção nos órgãos internos. Ela pode ser direcionada para todos ou poderá se localizar em uma região, por exemplo, na zona abdominal, no aparelho respiratório ou em um órgão particular, por exemplo, o fígado.

b. Desenho livre. Este momento pode ser feito em continuação ao anterior ou de modo independente. A tarefa poderá propor o desenho de um ou dos órgãos internos em geral, ou um desenho livre, que poderá ter novo significado em função dos órgãos internos. Um paciente desenhou uma árvore. As associações espontâneas giraram em torno de uma crise asmática que ele tivera recentemente. A árvore desenhada parecia representar seu aparelho respiratório.

c. Desenho em esquema-padrão. Um perfil impresso em uma folha de papel branco é uma referência para que se possa construir a própria imagem corporal no papel, e os órgãos poderão ser marcados com diferentes cores e formas (ver p. 91).

d. Representação com argila. É um método acessível, que permite modelar, ter acesso à tridimensionalidade, revelar a relação órgãos-mãos.

São também usados outros elementos plásticos que permitem dar certo grau de figuralidade. A escolha da técnica depende de vários fatores, entre eles, por exemplo, a afinidade do terapeuta e/ou do paciente com essa técnica e a relação da técnica com a zona a ser trabalhada.

e. Representação do corpo com máscaras. Propõe-se que se escolham máscaras para todo o corpo ou para as partes que estão sendo investigadas. As associações posteriores permitem que se correlacione as diferentes partes com as constelações fantasmáticas, com o material com o qual as máscaras estão sendo feitas, as cores, as histórias prévias das máscaras etc.

f. Trabalho corporal dramático com máscaras. Cada um desses passos está inter-relacionado. Nesse momento trata-se de dar corpo às fantasias que foram aparecendo nos passos anteriores. Assim, todo o corpo pode ser um estômago ou simplesmente representar a sua energia, ou as mãos podem dialogar, como o coração supostamente dialogaria com as artérias. Esse diálogo foi realizado por um paciente com um quadro hipertensivo com fantasias muito intensas de que as artérias poderiam "arrebentar" a qualquer momento. O exercício aliviou sua tensão e fez com que ele sentisse seu corpo menos estranho. Ele concluiu que "algo" estava relacionado à sua hipertensão.

Nesse caso, o passo para a dramatização não foi tão difícil de ser dado. O coração e as artérias se transformaram em personagens de um outro drama que foi nascendo no "cenário" do consultório. Os argumentos foram variando no decorrer das sessões. Em uma delas o coração purificava as artérias. Em outras, as artérias oprimiam o coração. Com o tempo foram aparecendo outros personagens que representavam ou estavam em relação direta com o "drama vascular". Também não foi difícil correlacionar com personagens do drama familiar. As máscaras permitiram que se marcassem os aspectos significativos desses personagens e possibilitaram que se passasse para outras histórias.

g. Dramatização livre com as máscaras representadas. Nesse momento podem-se utilizar as máscaras que estão carregadas com o drama específico (hipertensivo) e desestruturar essa significação. Assim, uma máscara que sempre representou, para o paciente, as artérias opressivas do coração, nesse momento poderá representar uma personagem que aparentemente está distante dessa função. Esse caminho de deslocamentos

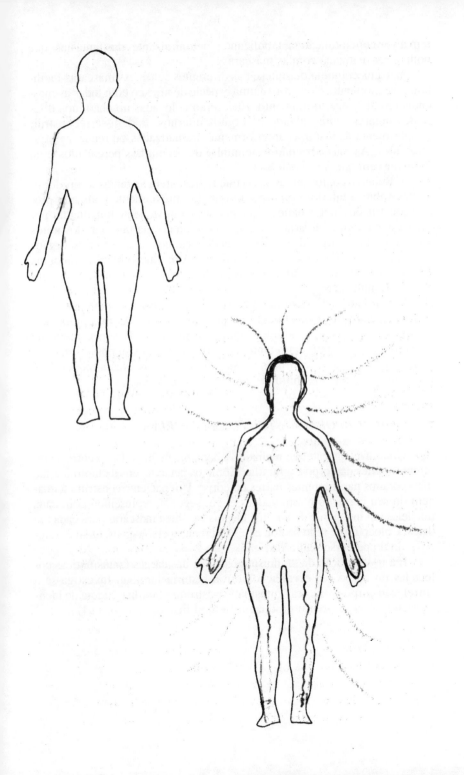

tem a ver com a função metabolizante, metonimizante, das fantasias, que poderá ser realizada com as máscaras.

h. Cena conjunta de síntese das diferentes cenas. As máscaras facilitam esse momento. Constrói-se uma espécie de afresco com todas as máscaras utilizadas até o momento. Elas serão colocadas no chão, nos diferentes lugares representando os órgãos internos. Podem-se reconstruir simplesmente as histórias anteriormente dramatizadas ou realizar outras diferentes. As máscaras dão testemunho dos caminhos percorridos e do momento em que o paciente está.

i. Relatos, contos ou histórias que representem as fantasias predominantes sobre o interior do corpo. O trabalho previamente realizado produz construções fantasmáticas, que podem ser novamente trabalhadas por meio da expressão literária. A reconstrução da novela familiar, dos mitos sobre o próprio corpo, da cura e/ou da doença, dos lugares que os órgãos internos ocupam dentro dessa fantasmática. A produção literária funciona como espaço de expressão de novas fantasias e de metabolização de fantasias já enunciadas.

As verbalizações não são privativas de apenas um momento. Vão acompanhando diferencialmente os diversos passos. As interpretações, como as reconstruções, acompanham esse processo. Em meu modo de trabalhar não se interpretam tanto as resistências, mas se possibilitam os caminhos para que os conflitos possam ser expressos. Nessa modalidade posso ter espaço e possibilidade para notar as resistências.

IMAGEM CORPORAL, ESTRUTURA FAMILIAR

Uma investigação que realizo freqüentemente é a relação entre as diferentes partes do corpo e a família. Como os personagens da família estão incorporados nas diferentes partes do corpo. Um paciente construiu a imagem do seu corpo com almofadões e, em seguida, representou com cada um deles um integrante da família. Depois escolheu máscaras para cada um deles. Colocou-as e representou esses diferentes personagens. Qual é o significado do percurso realizado?

É a investigação da "fantasmatização", das cargas fantasmáticas colocadas no corpo e a correlação com a história familiar. Investiga-se a correlação corpo-estrutura fantasmática-estrutura familiar-cadeia de identificações. E no processo produzem-se modificações (ver p. 114).

Corpo e psicanálise

Se relermos a psicanálise e tentarmos tirá-la de determinados dogmatismos e burocratizações, ela surgirá em estreita relação com a problemática do corpo. Quando a psicanálise ignora o corpo, ela se esteriliza e perde seu aspecto de subversão. Mas, o que é que ela subverte? O que está embaixo, ela coloca em cima. O sexual, sem cair em um pansexualismo, é realçado e colocado em primeiro lugar. Situa o corpo como sexuado.

Freud trabalhou o tema do corpo. Como ele pôde diferenciar o corpo que apresentava histeria, daquele da neurologia, do corpo médico? Freud produz uma ruptura epistemológica fundamental: começou a escutar a histeria, que é escutar o corpo.

As marcas no corpo da pessoa histérica, as alterações ou a falta de sensibilidade, a paralisia motora, não estão determinadas pelo percurso do trajeto nervoso; essas marcas estão, porém, determinadas pela estrutura libidinal do sujeito. Ele falava de um outro corpo; junto com o corpo da medicina, o corpo erógeno. Está marcado pelo prazer e pelo gozo, pela palavra. Vemos que nesse corpo está marcada a estrutura psíquica, que está marcada pelo corpo. Isso significa que os conflitos não-resolvidos do histérico, essa busca impossível do objeto, impossível no sentido de que ele nunca será encontrado, estão inscritos em seus transtornos corporais; se falamos de estrutura familiar, do ego, do superego, e do id, como estrutura psíquica, essas estruturas estão inseridas, marcadas no corpo da paciente; não podemos diferenciar corpo de estrutura psíquica, e podemos concluir: o corpo é o lugar da estruturação do psiquismo.

Freud afirmava: "O eu é um eu iminentemente corporal".

Em *Más allá del princípio del placer* (Além do princípio do prazer) (1920), Freud descreve o jogo do carretel de um menino de 16 meses, também conhecido como o jogo de *Fort-Da*. O menino puxava um carretel amarrado por um fio, gritava *Fort*, e o carretel desaparecia, e em seguida voltava a puxá-lo e gritava *Da*, "apareceu". Freud supôs que *Fort* significava "sumiu", e *Da* "apareceu".

Nesse jogo, Freud viu uma relação com o desaparecimento e aparecimento da mãe, quando ela tinha que se ausentar por diversas razões. O menino repetia ativamente o que sofria passivamente: o desprendimento do corpo da mãe.

O jogo lhe permitia elaborar tal desprendimento, mas a elaboração era dupla, através de uma dupla metáfora sobre o desprendimento e da construção da imagem do corpo.

Uma primeira metáfora é construída com o carretel; representa o corpo que vai e volta.

A segunda é a incorporação das palavras *Fort* e *Da*. Aqui a palavra tem o papel de lugar da mediação e da elaboração do distanciamento, e representa a condição indispensável para que o sujeito saia da fragmentação do corpo, da alienação, para a busca de certa unidade e de certa inter-relação com o outro.

A função do espelho é significativa na elaboração dessas duas metáforas (ver p. 78).

Para uma criança, sofrer o desprendimento da mãe pode ser catastrófico no sentido de que ela não diferencia seu corpo do corpo do outro, e perder o corpo do outro pode ser vivido como tendo perdido o próprio; isso pode levá-la à melancolia, à desnutrição e à morte, como se pode observar nas experiências hospitalares.

COURAÇAS E MÁSCARAS

Do ponto de vista dos que insistem na importância do trabalho corporal, qual seria o perigo da psicoterapia?

Seria a palavra vazia que escamoteia o lugar do corpo; diante da palavra vazia está a palavra plena, a palavra carregada de corpo e de desejo.

Da perspectiva da psicoterapia, qual seria o perigo da corpoterapia?

O corpo apenas como invólucro. O corpo somente como consolador, que não permite a elaboração das situações repetitivas que geram uma nova estrutura imaginária; dar ao corpo somente o lugar da mãe, corpo imaginário, que não facilite o espaço de diferenciação que está ligado à função paterna, a função simbólica.

Quando nos referimos a corpo erógeno, referimo-nos também a corpo libidinal, ao que é estritamente humano do corpo, ao corpo no campo do desejo.

Wilhelm Reich desenvolveu sobretudo o problema da energia, e a denominou energia orgônica. Essa não era a energia libidinal da qual falava Freud, mas era mais ampla, a energia cósmica. Definiu as couraças do ponto de vista econômico (enquanto cargas de energia). As couraças neuromusculares são zonas de detenção do fluir da energia. Centrou a problemática em dois lugares do corpo onde há detenção dessa energia: nas contrações musculares geradas e no trabalho corporal específico ao redor das couraças.

Lacan, tomando as couraças de Reich, diz que ele acentua o aspecto emblemático da couraça, isto é, os representantes, as figuras, as simbologias que constituem essa couraça.

Retomando Freud, eu diria que a representação é tão importante quanto o afeto. O emblema como as cargas energéticas postas nesse lugar do corpo.

O conceito de máscara tem, em si, o duplo aspecto de carga, a localização desta em determinadas partes do corpo, como estrutura determinada, e o aspecto emblemático, fantasmático e simbólico.

Em minha prática, não posso deixar de combinar o corpo com o psicoterapêutico.

Assim, em uma paciente com quadro respiratório (além dos exames médicos realizados por especialistas) investigo suas dificuldades concretas por meio de exercícios respiratórios, as cargas energéticas no processo respiratório; proponho a ela que faça um desenho do aparelho respiratório e trabalho a fantasia que sente como "o patológico", quais são as máscaras que representam sua doença, quais são as personagens significativas, personagens internas relacionadas com essa doença, cenas significativas trabalhadas de forma corporal, dramática e verbal.

O objetivo terapêutico é poder reencontrar-se com o corpo, poder estabelecer com este uma relação de aceitação não-destrutiva, que seja aceito o pulsional, o pré-genital e o genital, as correlações fantasmáticas, a perda do narcisismo primário, a castração, o corpo que não pode tudo.

Daí a capacidade orgástica e o subliminatório como substituição do objeto primário.

Assim, vai-se construindo um mapa fantasmático corporal que dá certa figuração na correlação entre a imagem corporal e a constelação fantasmática. A partir do exercício corporal de sensibilização, conscientização, investigação da energia, a relação com o chão, o tonismo muscular, as posturas, o caminhar, as representações plásticas do corpo, gráficas ou esculturais, as representações dramáticas, as referências verbais, a história pessoal e familiar e os mitos sobre o corpo. (Isto se relaciona com o trabalho em lugares simultâneos.)

MITOS EM TORNO DO CORPO

Em torno do corpo constrói-se uma série de mitos. Não é estranho que seja assim. O corpo continua sendo um desconhecido, apesar do pós-modernismo, de uma liberação e da figuração nos meios de comunicação de massas. Há algo de misterioso que continua se mantendo no lugar do corpo. Algo relacionado com o sagrado e o profano, com a ciência e a arte, com o holístico e o dicotômico.

Quero mencionar aqui, a título de enumeração, alguns mitos que estão freqüentemente presentes nas práticas relacionadas com a problemática do corpo. Também faço menção a uma resposta diante desses mitos:

— O melhor é o corpo, o melhor é a palavra.

— Voltar ao natural, ao interior de si próprio.

— Não importa a demanda social, não interessa a conceitualização.

— Fantasia em encontrar um lugar idealizado ou que preencha o vazio social e individual.

— Podemos afirmar que está sujeito à separação, à castração e à perda da proximidade com o corpo da mãe e com o objeto. É impossível que não se busquem substitutos.

— O infantil não é apenas o reino do prazer, é também o reino da angústia e do aterrorizante.

Corpo, território cênico

... uma ponte, uma grande ponte não se a vê.
Desde então, cruzo pontes que vão daqui para lá,
de nunca para sempre, desde então, engenheiro do ar,
construo a ponte inacabada entre o inaudível e o invisível.

OCTAVIO PAZ

O homem é uma corda estendida entre o animal e o
Super-homem: uma corda sobre um abismo...
O maior do homem é que ele é uma ponte, e não uma meta.
O que devemos amar no homem é que ele consiste em um
trânsito e em um ocaso.

FRIEDRICH NIETZSCHE

As páginas iam passando. Estava consciente de uma certa velocidade com a qual lia as descrições das articulações, as partes do corpo, as máscaras, as pontes, os poemas, as descrições dos casos que consultavam, o mergulho em certas profundidades do corpo. Por que essa velocidade que não podia deter? Talvez eu tivesse me compenetrado na pessoa que Elina descreve, que não pode deter-se nessa paixão por comer. Lia com certa vertiginosidade. É esse o ritmo do livro? Pois cada livro tem um ritmo particular.

Algo aconteceu quando cheguei a umas linhas, escritas no quadrante superior direito de uma folha. É um poema, de poucas palavras, contundentes.

Na casa de Yerbal
transitei minha adolescência.
O carvalho, a parreira, o trem
têm pátio em meu olhar.

Em seu livro sobre territórios, Elina fala de pontes. Esse poema foi ponte em meu ritmo, no modo de me relacionar com suas páginas. Detive-me uma ou outra vez, não sei se no pátio, na parreira, em sua casa de Yerbal. Talvez eu tenha adentrado em certa morosidade das tardes de Floresta.

As estradas de ferro percorrendo nossa geografia corporal urbana.

Com o tempo fui me lembrando de outros poemas ("Tudo está como então/ a casa, a rua, o rio,/ as árvores com suas folhas/ e os ramos com seus ninhos." Olegario V. Andrade), outros textos. Talvez seja essa realmente a função de um livro, permitir-nos dialogar com outros textos, com nossas lembranças, com nossos territórios.

Talvez os livros sejam pontes que levam a outras idéias, a outros corpos, a outros espaços.

Dei-me conta de que o poema com o não dito do dito me levava a percorrer outras geografias. Na história, instalava o corpo em um bairro da cidade. Lembrei-me de umas linhas de Eduardo Mallea, um inesquecível escritor argentino: "a linha exterior da cidade assume a forma do perfil de uma criança. Esta não parece ser uma semelhança fortuita: nesta cidade que se apresenta tão velha por fora, apesar de ser tão nova, está latente o sentimento interior de um coração esquivo, adolescente. A metrópole confunde-se muitas vezes com o ânimo de uma criança chateada, uma dessas crianças a quem a presença de pessoas estranhas em sua casa a perturba, a irrita de modo quase animal... Sim, a metrópole esconde um pouco a cara; o que entrega ao não-dileto é seu corpo monótono, como ósseo".

O poema de Elina nos transporta através da metáfora, e metaforicamente, a outros espaços. Nosso corpo confunde-se com o da cidade, cidade real e mítica.

Seu livro me levava a aterrissar no corpo dessa cidade. Corpo que levamos impresso sobre a imagem do nosso.

*El cuerpo, território escénico** é testemunho de anos de trabalho realizado no Instituto de la Máscara, nos quais foi se definindo uma modalidade de trabalho compartilhada. O livro de Elina explicita e fundamenta essa modalidade, e eu o considero antecedente a este.

Tem a marca de sua individualidade e, ao mesmo tempo, de objetivos compartilhados.

---

* Livro escrito por Elina Matoso (O corpo, território cênico).

O corpo
da imagem

A imagem compõe as diferentes células do corpo. Parece um exagero. Uma intromissão dentro da estrutura biológica. Não obstante, a imagem dá o cimento que unifica as diferentes partículas do corpo, especialmente no fenômeno do espelho, que tem um momento inaugural, mas que segue reeditando-se no curso da vida.

Quando nos sentimos despedaçados pelo *stress*, pela dor, pela desconfiança, pela traição ou pelo amor, procuramos um espelho de metal ou de carne e osso, que nos realimenta com as imagens perdidas ou esfumaçadas. A busca da imagem será, possivelmente, como a de uma alma que dá cobertura a um espaço vazio, busca do outro, que se sente que não está.

Ao entrar em contato com o corpo do outro, com sua pele, seu cheiro, suas cores e seus odores, também não podemos nos desprender das imagens que inundam o outro e a nós próprios. Imagens da própria história, substratos das identificações que conformam uma história com origens e/ou genealogias, imagens que nos foram impressas com ternura e também com uma certa violência (Piera Aulagnier).

A falta de uma imagem que nos proteja pode nos deixar doentes. Às vezes buscamos uma desesperadamente, para impedir nossa queda.

Os meios de comunicação de massa não são alheios a essa presença da imagem. Pelo contrário. Deram um novo significado a seu lugar na conformação da subjetividade e da imagem corporal. Os(as) modelos publicitários questionam os modelos familiares e não estão desvinculados de determinados conflitos de identidade, especialmente nos adolescentes. A anorexia nervosa parece ser sintoma da hipertrofia da influência acrítica, consumista, da estrutura da *mass media*.

O corpo é receptor das imagens da realidade da nossa época. Como o corpo e o sujeito recebem a queda do muro, a perda das utopias do socialismo com suas bandeiras da solidariedade social, as guerras televisivas, a quebra de determinadas ideologias que aparecem como se todas tivessem morrido, a transformação de um movimento, na Argentina, que reivindicava a soberania política, a justiça social, em um outro movimento que parece ter se esquecido até do assistencialismo? Como se processa, na subjetividade, aquilo que ficou sepultado na memória, mas que, ao mesmo tempo, é o insepulto, da problemática dos desaparecidos?

Neste final de século XX, qual é o espaço para a solidariedade, para as crenças, para a identidade e para as diferenças? Como isso influi na imagem do corpo e da relação com o outro e com as buscas? Para onde se orientam as buscas de verdade e de proteção diante da vertiginosidade das transformações?

As novas ideologias procuram suturar os furos deixados pelas que sucumbiram. Nem sempre essas parecem ser um progresso quanto à compreensão, à solidariedade, à paz, à dor do real.

Nos novos espaços reivindicamos a recuperação crítica dos mitos e das velhas racionalidades.

Como essas realidades e essas questões atuam na conformação de matrizes grupais, nos pedidos de ajuda com que as pessoas chegam aos nossos consultórios, em nossas respostas? Como elas determinam a poética daquele que consulta e de quem é consultado?

A máscara verde

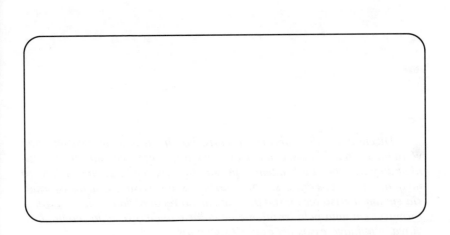

MARGARITA

Este espaço em branco simboliza um texto perdido. É um relato sobre a máscara verde. Lembro-me que era uma história apaixonada de amor, delírio e desilusão. Procuro em cadernos e caixas e não o encontro. A máscara verde resta como testemunha. Foi uma das primeiras que tive. É feita em papel machê. É pesada e foi muito atraente. Foi protagonista de muitas dramatizações e personagem principal em várias atuações. Ida a usou para uma apresentação pessoal em um espetáculo de mímica.

Ela está encostada, um tanto abandonada, em um canto da sala. Atualmente é muito pouco usada. Sua pintura está descascada.

Ao vê-la, embora distraidamente, não apenas me faz lembrar dessas velhas histórias, mas também parece me falar de antigas paixões.

Não poderia deixar de mencioná-la neste livro.

O velho
e o menino

Dizem que a de Margarita o perturbou intensamente. Pensou "não vê-la nunca mais", mas, como acontece muitas vezes, encontrou-se caminhando para o bar La Academia, pensando nela, vendo-se em um diálogo no qual seus traços duros se abrandariam, seu sorriso frio se transformaria em um sorriso terno, sua pele de cartão recobraria a vida e se transformaria em uma pele irradiante de calor e amor. Ao se dar conta, desviava, eliminava essas ações e pensamentos.

Creio que, no fim, com a ação do tempo, abandonou essas ilusões. E parecia que já começavam a se desfazer...

Certa manhã, teve uma súbita percepção diante de sua janela, vagando em seus pensamentos, o olhar perdido, aprisionado nas paredes do edifício à sua frente. Sentiu que estava dentro desse outro ambiente, situado também em um oitavo andar.

Tudo era estranho. A mesa, as cadeiras, as duas camas, um altarzinho, uns papéis coloridos e guirlandas, no estilo da decoração de um aniversário infantil. Um quadro estranho estava pendurado em uma das paredes.

Era habitado por um velho e um menino. Perguntou-se qual seria o parentesco que eles teriam. Por que lhe parecia tão estranho?

O velho era manco e o menino tinha movimentos desajeitados. Os rostos lhe eram conhecidos. Eram parecidos com as máscaras do velho e do menino bobo.

Riu sozinho, mas o riso se congelou instantaneamente. "Estou vendo máscaras por todos os lados."

Tentou sair da janela mas, em vez disso, observou mais detalhadamente.

De dia dormiam e de noite, todas as noites, saíam. Já não tinha dúvida de que esses rostos, estes corpos, correspondiam àquelas másca-

ras. Um dia passou por eles na rua e tornou a confirmar. Não queria acreditar. Temia estar ficando louco. Sentiu um calafrio de terror.

Dizem que uma noite os seguiu, chegaram a uma avenida, tomaram um ônibus e ele subiu atrás deles. Não se falavam. O menino segurava no braço do velho, e não estava claro se ele o guiava ou se se protegia nele. Não chamavam a atenção das pessoas.

Desceram na esquina da Carlos Pellegrini com Santa Fé, e entraram em um salão de baile com show.

Esperou um pouco, dando voltas em torno do local. Sentou-se em um banco da Nove de Julho, diante da entrada.

Decidiu entrar no salão. Pediu um uísque. Procurou-os com os olhos. A música retumbava em sua cabeça e lhe doía nos ouvidos. Uma garota no palco fazia um strip-tease.

O animador anunciou o ventríloquo e seu boneco Dipsy. Eram eles. O menino estava duro como um boneco. Vendo-o no palco, parecia ser. Pensou: Talvez o menino ficara no camarim e ele teria trazido um boneco muito parecido, mas, então, por que o trazia? Talvez para não deixá-lo sozinho no apartamento.

O público aplaudia as supostas atuações do boneco. Supostas porque todos, a não ser as crianças, conheciam a arte do ventríloquo. Quem realmente falava era o velho, e não o menino.

"O maior ventríloquo do mundo, com o máximo da veracidade! Agora, Dipsy vai cantar uma música. Canta Dipsy! Canta! 'A lua me acompanha'." Dipsy começou a cantar um bolero com voz profunda.

> *Na noite estrelada*
> *em que estou sem ti*
> *a lua me acompanha*
> *a lua é azul.*

Sua voz era profunda, grave, cálida. Não parecia um boneco. Era a voz de um cantor experiente. Mas no meio de um compasso, calou-se. "Vamos Dipsy, continua", mas Dipsy se calava.

Parecia que de seus olhos brotavam lágrimas. Ele se convenceu de que não era um boneco.

"Velho filho da puta."

Teve o impulso de levantar-se e arrancar Dipsy de suas mãos. Mas todos riam, pensando ser um truque do velho. Este cumprimentava e apertava-lhe a barriga com força para que cantasse, mas Dipsy se calava. Fazia uma cara amável e também de ódio. Isso causava hilaridade ao público. Nele produzia mais indignação.

Levantou-se com o boneco em um braço, cumprimentou, pressionou a cabeça de Dipsy com a mão para que ele cumprimentasse. Os aplausos foram estrondosos. Pediu outro uísque. Esperou-os no mesmo banco da avenida. Saíram em pouco tempo, o velho agora o segurava pelo braço para que não escapasse. Tomaram um táxi na porta. Ele tomou outro, atrás. Chegaram de volta em casa. Subiu rapidamente para seu apartamento. O velho fechou as cortinas, mas podia se ver através delas. Ele tirou vagarosamente o cinto. Dipsy escondeu-se atrás da mesa. Correram, caíram algumas cadeiras, até que o velho o agarrou. Atirou-o de boca no chão, e começou a açoitá-lo. O rosto de Dipsy estava voltado para o apartamento de Carlos. Ele o ouvia gritar. Acreditou escutar: "Não papai, papai, papai, não filho da puta, avô, avô, não". Depois, simples ais. O açoite continuava sem parar.

Saiu correndo do apartamento. Atravessou. Tocou a campainha correspondente ao porteiro e, com um pretexto, pediu-lhe para abrir. Subiu até o oitavo andar, tocou a campainha. Ninguém respondeu. Bateu com força na porta, mas ninguém saiu.

Chegou o porteiro. Disse-lhe algo que não entendeu. Exigia que abrisse já. O porteiro tirou o molho de chaves e abriu. As luzes estavam apagadas, reinava um silêncio total. Acendeu a luz, percorreu o apartamento e não havia ninguém. Também não havia o papel colorido, nem as guirlandas. O quadro estava lá.

Um suor frio o encharcou.

Voltou para casa cabisbaixo, as pessoas, em roupa de dormir, o olhavam espantadas.

De sua casa olhou, então, a janela, mas não havia luz. Fechou os olhos e ficou a noite inteira sentado, sem saber o que pensar, mas com muito medo. Pela manhã, fez o mesmo com as máscaras do velho e do menino. Mas agora não se atreveu a tocá-las, e pediu a outra pessoa. Já tinha medo dessas máscaras.

A Vênus
do riacho

Ficou vários dias sentado com o rosto entre as mãos, encurvado, encolhido.

Se comeu ou não, não poderia dizê-lo. Se fez outras coisas, também não. O que sei ao certo é que ficou dentro do apartamento, de costas para a janela, até que, por fim, decidiu sair.

Não sei se minto ao dizer que, ao sair, tinha uma expressão estranha. Tampouco saberia dizer se esse movimento de cabeça foi um cumprimento ou outro gesto.

Começou a caminhar lentamente. Parecia que não tocava o chão. Caminhou e caminhou. À tarde chegou à Constituição, e subiu de trem até La Plata. Viajou olhando distraidamente os telhados, as casas, a paisagem. Em La Plata parece que se hospedou em um hotel para estudantes perto da 7.

Voltou a Buenos Aires ao entardecer do dia seguinte. A Vênus sobre o riacho causou-lhe um vivo impacto. Quis certificar-se do nome do riacho, entre que estações estava, mas não conseguiu.

Ao chegar à capital, sentiu-se empurrado pelas pessoas na calçada.

Tentou encontrar a praça, mas esta estava recortada por ruas, avenidas, bloqueios e pátios de estacionamento. Tomou um ônibus até sua casa. Começava a escurecer. Os carros e as lojas acendiam suas luzes.

Sentiu-se tomado pela angústia do entardecer. Rivadavia e Medrano, José Maria Moreno, os edifícios abandonados ou em construção, o asfalto, Rivadavia e Primera Junta.*

Parou de olhar pela janelinha. Leu o anúncio de uma propaganda na parte dianteira do ônibus, o cabelo do senhor que estava sentado à

---

* Ruas importantes de Buenos Aires.

frente, o colarinho, o colarinho acinzentado da camisa. Sentiu que era também observado. Alguém lá na frente. Olhou e desviou rapidamente o olhar. Não podia sustentar o olhar, nem olhar. Era alguém que usava a máscara de cara pontuda e nariz grande. Tentou não se assustar. Está apenas me olhando. Não quer nada. Pode ser um passageiro qualquer, pode não corresponder às minhas máscaras. Não o conheço. Por que não poderei olhar. Olhou e parecia que lhe fazia um gesto. Desviou o olhar para a rua. Levantou-se rapidamente e pediu licença para ir até o fundo. Não podia passar. Havia muita gente.

IV
Cenas

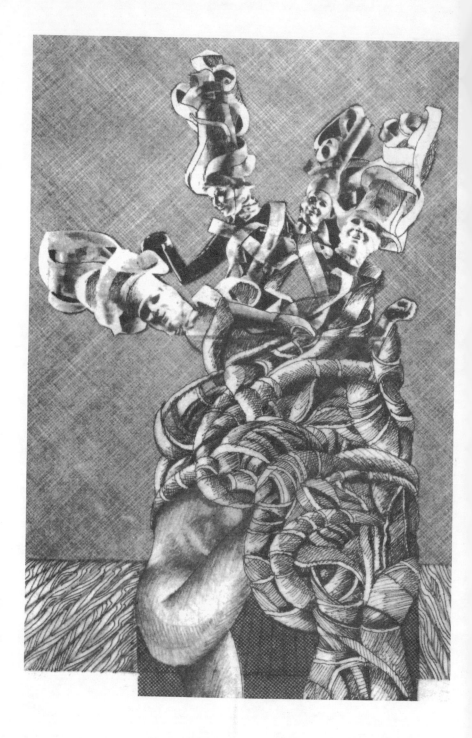

Recordar

*Recordar é
permitir que o futuro
intervenha no
sucesso.*

GOSTA ÅGREEN

Recordar o que nunca aconteceu é se permitir tomar o presente em nossas mãos, apertar o lenço que sai de outro espaço e olhar nos olhos espelhados do que não foi.
É produzir a mithopoyesis.
É subtrair de quem observa a apropriação da fantasia e abrir alas para chorar com a comédia, rir com a tragédia, com a cartarse do que não foi.

Os cenários das máscaras no psicodrama individual[1]

CONSIDERAÇÕES GERAIS

Neste trabalho irei me referir ao psicodrama individual, aos cenários que nele são gerados, às máscaras dos pacientes e também dos terapeutas, à minha modalidade de trabalho com as máscaras.

Apresentarei um rápido exemplo de uma sessão de psicodrama individual com a utilização das máscaras.

A respeito deste trabalho, surge uma questão. É psicodrama? Está dentro daquilo que Moreno definiu como tal? Qual é a relação entre máscara, personagem, papel?

Uma parte importante de minha tarefa clínica desenvolve-se com pacientes individuais com quem, do mesmo modo que na situação terapêutica grupal e nos grupos de formação, incluo, junto com o verbal, técnicas relacionadas ao jogo, ao corporal, ao psicodramático, às máscaras.

Não é de estranhar que cada modo particular de abordar um paciente gere um corpo teórico diferenciado, mas também com aspectos comuns a outras práticas que, seguramente, não se referem somente a esta, em especial.

Chama a atenção o fato de que a maioria das informações sobre psicodrama ou diversas técnicas não-verbais e de jogo refira-se a grupos e não a pacientes individuais.

Não está claro por que alguns psicanalistas aceitam essas técnicas em crianças, e não em adolescentes e adultos.

Moreno, em seus históricos clínicos, dá exemplo de psicodrama individual. Não é fácil defini-lo devido às variações que foram se produzindo em sua prática, às diferentes escolas, às particularidades pessoais, aos diferentes recursos técnicos utilizados, ao fato de privilegiar um recurso dramático ou outro. Considera-se psicodrama individual a prática centrada em um paciente, nas cenas e nas personagens em que ele está envolvido, e durante a qual efetuam-se dramatizações.

AS VARIAÇÕES NA PRÁTICA

O psicodrama individual pode se realizar com uma equipe formada por um grupo de terapeutas, por um coordenador com seus auxiliares, por um só terapeuta. Com pacientes que estão em terapia individual apenas de forma esporádica ou com diversos graus de freqüência e de continuidade, ou que estão em terapia grupal ou familiar ao mesmo tempo. Alguns autores também consideram psicodrama individual aquele realizado em um grupo terapêutico centrado na problemática de um paciente.

O psicodrama individual varia segundo o diagnóstico. É diferente em casos de psicose, neurose, perversões ou transtornos de personalidade. Quanto à técnica, podem-se incluir apenas dramatizações ou podem ser incorporados também outros recursos, como trabalho corporal, modelagem, marionetes, máscaras, tecidos, elementos de musicoterapia, terapia de dança, objetos cênicos, elementos expressivos, literários etc.

Uma das trajetórias mais freqüentes costuma passar do motivo da consulta ou situação emergente na sessão à sua encenação e à sua derivação para cenas subjacentes presentes ou passadas, à investigação do átomo social e familiar, dos papéis e situações conflitivas, das personagens significativas.

Quanto ao sistema referencial, alguns autores classificam a técnica segundo a orientação, seja moreniana ou psicanalítica. Por outro lado, há variações quanto a mestres, escolas e influências de orientações teóricas como, por exemplo, a bioenergética, a gestáltica e a sistêmica. As indicações do psicodrama individual não dependem tanto dos quadros nosográficos como das problemáticas dos pacientes, da relação médico-paciente e das orientações institucionais.

As indicações mais freqüentes são: situações de crise; alto teor de angústia; transtornos de identidade; investigação de situações pontuais; dificuldades de integração grupal; preconceitos antigrupos.

DIFERENTES ESCOLAS

O entrecruzamento de modalidades no psicodrama individual é complexo. Os envolvimentos em uma e outra escola respondem, por um lado, a orientações científicas, mas também à busca de lugares de proteção e de identificação. Um grande perigo é o dogmatismo que leva à absolutização de qualquer elemento técnico ou conceitual acima do diálogo, do enriquecimento, do entrecruzamento entre diferentes orientações. É a perda da espontaneidade para cair no conservadorismo cultural, como diria Moreno, inclusive em nome de Moreno. Outro perigo é o ecletismo que incorpora qualquer recurso sem fundamento prévio ou posterior. A escolha de uma orientação técnica particular tem determinantes complexas.

Um elemento importante é a característica pessoal do terapeuta, sua história pessoal e profissional, a predominância de determinada escola, e também a característica do paciente.

Ninguém pode impor uma modalidade como sendo a única realmente válida. Seguramente poderemos aprender com intercâmbio e com conhecimento de outras modalidades, isso é algo que parece tão óbvio, mas que é difícil de ser efetivado. Também poder-se-ia fazer uma diferenciação quanto ao tipo de dramatização, quanto à relação com a interpretação, aos fundamentos do processo da cura, à relação com os conceitos básicos da teoria moreniana (tele, teoria dos papéis, catarse, espontaneidade), à psicanalítica (transferência, libido, pulsões, narcisismos) etc.

Coloco minha modalidade terapêutica como sendo psicodramática, desmascarante, corporal, psicanalítica, expressiva, coordenando sozinho ou em co-coordenação com freqüência de uma ou duas sessões semanais.

O jogo, o corpo, a palavra, a máscara, a dramatização questionam a psicanálise e, por sua vez, esta os desenha novamente.

Os diferentes recursos expressivos podem se combinar com a dramatização. Esta permite estabelecer uma escuta, um diálogo que se adequa à capacidade, ao tipo de comunicação e ao campo semiótico de elaboração de cada paciente.

UMA POÉTICA

Em meu enfoque de trabalho incluo, junto com o diálogo verbal, psicodramático, o corporal, o trabalho com máscaras e com elementos expressivos. Na sessão procuro dar espaço para o indizível, para o que não pode ser expresso. Que o paciente possa despregar suas máscaras, personagens, cenas, seu mundo interno segundo suas possibilidades de expressão. Isso está relacionado com a capacidade de escuta e com a poética do terapeuta. Consciente ou inconscientemente, cada terapeuta tem uma poética que inclui uma relação particular com a cena, personagens, máscaras, espaço, textos, catarse, verbal e pré-verbal. Claro que essa poética não é somente do terapeuta, mas também do paciente. O terapeuta deve investigar, tornar consciente e trabalhar com os aspectos conflitivos dessa poética. Por exemplo, suas dificuldades com determinadas personagens, com determinados conteúdos emocionais. Dessa maneira, vão se constituindo cenários específicos resultantes da confluência terapeuta-paciente. As máscaras do terapeuta, nesse caso entendidas como estereótipos, condicionam um determinado cenário. Se o terapeuta puder jogar com suas próprias máscaras, investigando sua identidade profissional, poderá ampliar as luzes do cenário das máscaras de seus pacientes. Esse é um processo terminável/interminável.

DRAMATIZAÇÕES REALISTAS E FICCIONAIS

As dramatizações podem representar, literalmente, a problemática do paciente e investigar sua realidade presente, passada ou futura. Ou, ao contrário, podem tomar determinadas formas ficcionais, afastar-se, distanciar-se dessa realidade e permitir o jogo com esse distanciamento. Às primeiras, chamo de dramatizações realistas e, às segundas, ficcionais. As realistas possibilitam investigar diretamente o conflito apresentado pelo paciente. As ficcionais possibilitam diminuir as resistências em um jogo aparentemente sem conexões. Portanto, é importante que o terapeuta não estabeleça laços entre a história ficcional e a "verdadeira" a partir dos fatos, e sim do diálogo.

Há dramatizações que confirmam a identidade do paciente, seu átomo social, sua história, a versão que esta tem. Outras dramatizações questionam essa versão e incluem personagens, textos, cenários, emoções que, aparentemente, não têm nada a ver com o paciente. As primeiras, as dramatizações estruturadoras, são imprescindíveis em momentos de dissolução e de enfraquecimento da identidade. As do segundo tipo, desestruturadoras, são indicadas quando a identidade está exageradamente congelada. A passagem pendular entre as dramatizações estruturadoras e desestruturadoras é amplamente terapêutica.

AS MÁSCARAS

As máscaras são incorporadas não apenas como um recurso técnico, mas também levando-se em conta o aspecto desmascarador de todo tipo de psicoterapia.

Assim como não existe nenhuma atividade humana onde não esteja implicada uma máscara, na psicoterapia elas estão sempre incluídas.

Diferencio o uso concreto das máscaras feitas de diferentes materiais do aspecto desmascarador ou mascarador de toda terapia. Quando alguém usa uma máscara, produz-se imediatamente um efeito de desmascaramento, de desestruturação. Uma conexão com outros aspectos, personagens, papéis. É importante que se permita o jogo com este outro.

113

Trata-se de gerar espaços, matrizes imaginárias, para que esses aspectos reprimidos ou rechaçados possam ter lugar na sessão.

A função terapêutica da máscara poderia ser sintetizada em:
a) *aspecto desmascarante e reestruturante*;
b) *função balizadora*: permite situar, marcar, balizar, registros fantasmáticos na corpo, na família, no mundo externo.
c) *função no metabolismo da fantasia*. Relaciona-se com a função mitopoética;
d) *construção do mapa fantasmático corporal e do mapa fantasmático familiar*.[2]
e) *aspecto lúdico*: possibilita jogar outros jogos, além dos habituais do paciente.

Junto com a situação desestruturadora, é imprescindível uma função de reestruturação.

Situo a prática com máscaras dentro de uma poética na qual estão presentes cena, palavra, corpo, textos...

A cena psicodramática pode desempenhar uma função matricial reordenadora do caos fantasmático ou, pelo contrário, promove graus maiores de desestruturação. Há regulagens homeostáticas entre o estruturador e o desestruturador, que são exercidas pelo paciente e/ou pela equipe terapêutica.

UMA SITUAÇÃO CLÍNICA

Juana parte da palavra "despenhadeiros" (que traz por escrito para a sessão) e a representa corporalmente. Define três espaços no consultório e associa-os com uma cena familiar. O pai brigando com o irmão, enquanto ela, recostada na cama, sofre e sente prazer com esta cena. Dramatiza-a. Troca os papéis. Quando representa o pai gritando ameaçadoramente com o irmão, diz que abre a boca como "esta máscara" (refere-se a uma que está pendurada junto com muitas outras no consultório). Ao lhe propor que escolha máscaras para a encenação, pega uma para cada personagem, mas as coloca em uma só fileira. Desse modo, pode correlacionar, na sessão, as máscaras escolhidas para as personagens com partes de seu corpo. A do pai representando suas pernas, a do irmão sua cabeça e, a dela, a região genital.

MÁSCARAS	PARTE DO CORPO
Irmão	Cabeça
Ela	Região genital
Pai	Pernas

114

Volta a dramatizar a cena, mas usando máscaras. Ao usar a que representa seu pai, dramatiza uma paralisia nas pernas. Com a do irmão, o querer ser mulher; com a da região genital, a conexão com o gozo. Na palavra despenhadeiro está condensada a confusão de seu discurso sobre perdas de direção e angústia. A dramatização lhe permitiu desconstruir essa palavra com o que apareceu em uma cena familiar traumática, e a relação com a imagem corporal. Desse modo, são os personagens que atuam. O pai se arremessando e, em seguida, ficando paralisado. O irmão representando o conflito com a identidade sexual (o ele querer ser mulher e o querer ser homem dela), e ela com a condensação do gozo passivo e confuso na região genital diante do ataque do pai.

As máscaras permitiram que se marcassem aspectos singulares das personagens (por exemplo, a boca do pai), e correlacionar a cena e as personagens com seu corpo.

O corpo não aparece simplesmente como um lugar para o caldeamento ou como o transportador das personagens. Existe um jogo fantasmático, uma inscrição significante nas diferentes partes do corpo, cenários diferenciados, concentrações energéticas, couraças, segundo Reich, a partir das quais vai se constituindo um mapa fantasmático corporal.

Nessa apresentação clínica, vemos a inter-relação entre palavra-corpo-cena-personagens-máscaras.

O corpo é um lugar de concentração fantasmática que se organiza em forma de personagens, máscaras, cenas. Mas com diferentes graus de organização. A cena representa um nível elevado de estruturação. Podem existir concentrações energéticas, máscaras, representantes de coisas, personagens naquilo que chamo de nível pré-cênico. A dramatização fornece matrizes imaginárias organizadoras.

O corporal se integra à minha prática psicodramática a partir da conscientização e da sensibilização, do trabalho sobre a energia, a construção do mapa fantasmático corporal. Uma das zonas conceituais de Moreno, na qual encontro embasamento para a unidade do corporal e do psicodramático, é a teoria dos papéis. Moreno descreve os papéis psicossomáticos, sociais e psicodramáticos. Esses papéis não são anulados pelos outros. Podem ficar eclipsados, mas continuam presentes. O rol psicossomático relaciona-se diretamente com o corporal, com o chamado corpo biológico e com o corpo erógeno. Também com o que, na psicanálise, se elabora a partir da teoria das pulsões. Com Moreno, podemos perceber e ler a passagem do rol psicossomático para o psicodramático e para o social.

Em Juana são claros os transtornos na respiração, a ênfase colocada na região genital, a paralisia nas pernas na experiência psicodramática.

A cena gera uma estruturação (matriz imaginária) onde é possível desorganizar, desestruturar e reestruturar esses diferentes aspectos e zonas pulsionais.

Poder-se-ia considerar a cena como a espacialização da imagem corporal.

ESQUEMA ORDENADOR
DO PSICODRAMA INDIVIDUAL

A equipe terapêutica:
- grupo de coordenação;
- um diretor com egos-auxiliares;
- um único terapeuta.

Tipos de patologia:
- neurose;
- psicose;
- perversões;
- transtornos de personalidade;
- situação crônica aguda;
- psicossomática.

Indicações:
- situações de crise;
- alto teor de angústia;
- transtornos da identidade;
- investigação de situações pontuais;
- dificuldades de integração grupal;
- preconceitos contra grupos;
- luto recente.

Combinação ou não com outro tipo de terapia ou de formação:
- somente psicodrama;
- junto com terapia de grupo, familiar ou formação;
- em grupo terapêutico.

Tipos de técnica:
- somente dramatização;
- combinando com outros recursos: trabalho corporal, plástico, elementos;

116

- de musicoterapia, terapia de dança, elementos expressivos, máscaras etc.

Esquema referencial conceitual:
- moreniano;
- psicanalítico;
- bioenergético, gestáltico, sistêmico etc.

Dramatizações:
- ficcionais
- realistas
- estruturantes
- desestruturantes

NOTAS

1. Este trabalho foi apresentado no IV Encontro Internacional de Psicodrama, São Paulo, Brasil, fevereiro de 1991.
2. Ver p. 87.

O tecer
de Penélope

A psicanálise, na escuta, dá lugar ao Outro que se apresenta na sessão, que traz um sintoma. Por meio da palavra, permite desmontar, desmascarar. Não tanto como palavra de um conhecer, mas como poética, no sentido de que essa é a produção de um novo espaço.

Minha prática da poética do desmascaramento tenta, utopicamente, unir a psicanálise, despojada de suas burocratizações, com as máscaras, que são as imagens e as caricaturas destas, a *persona* e seu desmascaramento; a rosa dos contos infantis, os monstros e as personagens aterradoras; o desejo de aprisionar, com racionalidade, a complexidade do acontecer humano e, por outro lado, o que está supostamente fora do humano: deuses, bruxos, antepassados, espíritos. Talvez estes brinquem conosco e, também, em alguns momentos, se possa brincar com eles. Tem a ver com o possuir ou ser possuído pelas máscaras. Somente podemos possuí-las autenticamente quando elas nos possuem, quando nossas palavras são as do Outro, das máscaras que tecem outras histórias além daquelas nas quais estamos envolvidos.

É sair do tecer e desfazer, com os dias e as noites de Penélope e poder conectar-se com a luminosidade do Sol em sustentar a criação. Criação a partir do nada, ao modo de Deus, a partir de um lugar de desconhecimento.

Cenas

> *... a ficção é, no fim das
> contas, muito mais pessoal
> do que a suposta sinceridade da
> confissão.*
>
> ALAIN ROBBE-GRILLET

Uma parte importante de meu trabalho clínico desenvolve-se com pacientes individuais, com os quais, do mesmo modo que na situação grupal, incluo, junto com o verbal, técnicas associadas ao jogo, ao corporal, ao psicodramático, às máscaras. Explicarei algumas características dessa modalidade, que denomino "Terapia corporal dramática com máscaras". Para isso, utilizarei material de algumas sessões com diferentes pacientes e elaborações conceituais relacionadas à prática.

ROSALÍA

Na sessão, Rosalía relata uma viagem que fez recentemente: foi "tudo bem", "tudo está bem". Não obstante, seu semblante não parece indicar a mesma coisa.

Proponho-lhe expressar o que sente com o corpo.

Ela utiliza almofadões nos quais tropeça repetidamente, cai, levanta-os e tira-os.

Pega uma máscara[1] na qual ela destaca a boca aberta, coloca-a, olha-se no espelho e, em seguida, faz um movimento circular com os braços estendidos e levantados. É um movimento muito contido. No solilóquio diz: "Dor, felicidade, som, falar, contar, dizer, comunicar-se, pedir ajuda".

Sugiro-lhe olhar para a máscara tendo-a na mão: "Limita a minha pele para abrir mais a boca". Os sons que emite lhe saem da garganta, entrecortados.

Proponho exercícios respiratórios e de emissão de sons a partir da garganta, do tórax e do abdômen e, em seguida, peço que os repita, com a máscara colocada. Ela logo consegue emitir sons prolongados.

119

Nos comentários, ela diz que teve a sensação de se perder. Relaciona com sua aula de pintura onde tratou de fazer bem o trabalho, não uma "garota em oposição" ao professor, e este, no fim da aula, a elogiou. Por isso ela sentiu que perdia a consciência, sentiu um calafrio e precisou sentar-se.

Relacionamos o perder-se na sessão com a sensação da aula de pintura, com seu discurso inicial na sessão tratando de manter o gozo da viagem e, em seguida, com o perder-se do fim. Ou é uma "guria oposicionista" ou se perde no gozo do encontro com o outro. Faz-se de adolescente como para manter o já terminado, o concluído em algo inconcluso. Associa-o com os prantos que tem após algumas relações sexuais.

Através da máscara, do trabalho corporal e dramático e por trás de suas associações, fica na boca aberta o pedido, a ingestão, o grito de raiva, a demanda que nunca termina por satisfazer-se.

A boca aberta dessa máscara acentuou, revelou, desmascarou sua demanda. Sua boca não conseguiu expressar o que tinha para dizer, o que não podia ser dito. Tenta colocar na cena da sessão o que seu corpo, e não as palavras, insinuava. O tamanho da boca aumenta ao lhe faltarem as palavras; isso é ressaltado com a escolha da máscara. A boca aberta da máscara a conecta com a demanda que a satisfaz, se retroalimenta por fora do perder-se no gozo do encontro com o outro.

Existe um gozo na representação, uma "ilusão de completeza" que expressa com o movimento circular dos braços, com poder "terminar" de expressar sua demanda por meio do som, com morrer nessa sensação de desvanecer-se. Passa da situação transferencial comigo, através do trabalho corporal dramático com máscaras, da guria oposicionista, "está tudo bem", a um entregar-se/perder-se, a um outro momento no qual possa se diferenciar.

Nessa situação clínica, eu quis ressaltar três momentos:
1. dissociação;
2. perder-se;
3. diferenciar-se.

Nesta representação "esboça-se" a possibilidade de gozo e fim como modo de atingir outro lugar. A boca aberta da demanda talvez tenha podido encerrar-se em um silêncio de simbolização.

DA CENA AO CORPO

Marta, angustiada, conta que cortou o cabelo, mas que gostaria de ter cortado a cabeça, que precisava tirar "isso" de cima.

Proponho que escolha uma máscara que represente "isso". Escolhe uma máscara de palha à qual dá o nome de "pássaro". Imagina que o que arrancaria seria o que lhe aparece como barba.

Coloca a máscara, olha-se no espelho, "eu a arrancaria, quebraria a máscara". Pergunta se pode usar um almofadão. Pega um pequeno, com as duas mãos, coloca-o à altura do peito e puxa à direita e à esquerda. Tem os ombros encolhidos, vê-se que exerce força com os antebraços e os braços, e que os ombros estão tensos. Diz que sente angústia. Proponho que volte a fazê-lo, e que faça força com as costas, que procure não deter sua energia nos ombros.

Volta a tentar, mostro-lhe a postura dos ombros, isso a leva a modificar os tipos de movimento e a respiração, muda o movimento. Comenta que, fazendo-o, passou-lhe a angústia que sentia na garganta.

Passou de um movimento auto-agressivo, de muita tensão, de querer arrancar a cabeça, para um movimento de descarga de energia, heteroagressiva. Relata que praticando tênis tem o mesmo problema (utiliza a raquete com o braço colado ao corpo).

Esse querer cortar uma parte do corpo pode ser encarado como uma ação auto-agressiva, como um conflito com uma parte de si e, na situação transferencial, como uma fantasia de "arrancar a cabeça do terapeuta".

A investigação com a máscara transfere a parte de seu corpo a ser arrancada, da cabeça para a barba da máscara-pássaro. Ao incorporar a máscara e o almofadão, transfere a fantasia auto-agressiva de querer arrancar a cabeça para a escolha de uma máscara específica, com uma determinada carga fantasmática, e posteriormente para o almofadão.

Essas passagens, esses deslocamentos são significativos no processo da metabolização de condensações fantasmáticas (sintomas). Quando têm alto grau de aglutinação, isto é, são difíceis de serem analisadas, a incorporação da máscara e de outros objetos poderá fornecer lugares de projeção onde a palavra possa ser ouvida pelo corpo.

As associações posteriores relacionam-se com o feminino e o masculino.

Passa da máscara instalada em seu corpo para um objeto com um grau maior de distância, o almofadão. Não obstante, pela posição de seus ombros, continua conservando "isto que não posso tirar". As evidências tendem a mostrar, em seguida, como retêm com seu movimento aquilo do qual quer se ver livre.

A denominação de "energia" desse conteúdo foi modificada no curso da sessão. Em um momento, foi energia da qual não podia se desligar. O trabalho na sessão centrou-se no energético e nas partes do corpo retentivas da energia, que levaram a uma diminuição da angústia, acentuando especialmente o econômico. A fantasmática em torno do masculino, do feminino, da agressão, da castração surge como efeito dessa investigação. A correlação entre os conteúdos fantasmáticos e suas cargas parece importante. Essa correlação define a tarefa, não como um exercício de catarse, mas como transformador de cargas e de conteúdos.

A passagem do auto-agressivo para o heteroagressivo permite maiores condições de análise e possibilidade de dar espaço, na sessão, para a transferência negativa.

ISAAC

A alegre mensagem é o pensamento trágico; porque o trágico não está nas recriminações do ressentimento, nos conflitos da má consciência, nem nas contradições de uma vontade que se sente culpada e responsável. O trágico tampouco se acha na luta contra o ressentimento, a má consciência ou o niilismo. Segundo Nietzsche, o trágico nunca foi compreendido: trágico-alegre. Outro modo de estabelecer a grande equação: querer-criar. Não se compreendeu que o trágico era positividade pura e múltipla, alegria dinâmica. Trágico é a afirmação: porque afirma o acaso, e pelo acaso, a necessidade; porque afirma o porvir e, pelo porvir, o ser; porque afirma o múltiplo e, pelo múltiplo, o uno. Trágico é o lançamento de dados. Todo o resto é niilismo, pathos dialético e cristão, caricatura do trágico, comédia da má consciência.

GILLES DELEUZE

Na sessão de um grupo terapêutico, Isaac comenta: "Não quero trabalhar mais no que faço. O aluguel e o ponto de meu negócio são muito caros. Quero ser ator".

Proponho-lhe, a partir de sua fantasia, que vá criando cenas como se fosse um ator em um ensaio de uma obra teatral que será gerada com as dramatizações.

Cenas: é um ator em um cenário. Carlos Pérez[2] foi demitido do trabalho por ter chegado tarde. Briga com o patrão. Ele conta a sua mulher, grávida de seis meses,[3] que foi demitido. Vem a fantasia do aborto, de perder o bebê. Ele é um ator em um ensaio público, no qual vai se definindo a característica (o texto) da obra.

Outra cena: a infância. Toma a infância, não a de Carlos Pérez, mas a sua própria. Quase chorando conta que em uma festa escolar devia cantar como solista de um coro, e que seus pais não o levaram ao colégio nesse dia, mas que foi levado para outro local. A cena transcorre quando ele vai explicar sua ausência para a professora, no dia seguinte.

Começa a cena, e eu a dirijo no papel de diretor de teatro.

(Zangado, dramaticamente) — Diga-me (na situação grupal não tutelo os pacientes): esta é uma cena da infância de Carlos Pérez ou de Isaac?

— De Isaac.

— Não podemos continuar misturando as coisas. Isto é um ensaio ou um grupo terapêutico? Não é lugar para lamentar sua infância.

Isaac pede desculpas, assume uma atitude muito submissa e propõe uma cena onde ele quebra um vidro jogando futebol no colégio.[4]

122

Com essa construção fantasmática ele joga, por um lado, com as pautas repetitivas de sua história e, por outro, com a possibilidade de sua transformação.

O terapeuta, ao não acompanhar Isaac no relato histórico proposto, repete a atitude dos pais?

A escola lhe dá lugar para outra criação fantasmática, na qual ele exerce seu protesto pela não-identidade entre os pais idealizados da infância e o lugar no qual é colocado o terapeuta?

Outras cenas, que dramatiza nas associações com o personagem, são uma reunião com amigos, com a amante, um roubo, um diálogo na prisão com a mulher.

No comentário inicial, o teatro apareceu como um lugar de evasão, fazer teatro de sua realidade. Mas quando o faz, quando constitui um personagem, um modo de se evadir, é para lamentar sua infância. Corta o jogo de elaboração da construção do personagem para sair dele no referencial sedutor da infância. É a oscilação entre o estancamento narcisista em sua história, para passar ao anonimato de Carlos e de Pérez, no qual deve construir/reconstruir um novo mito para dar continência a seu mundo fantasmático. Ao cortar a construção do personagem, repete compulsivamente o corte dos seis anos correspondente ao nascimento da irmã. Nem sempre a referência histórica é colocada a serviço da cura.

LETÍCIA[5]

Letícia é uma paciente com uma estrutura paranóica muito consolidada, tem fantasias — diz ser atacada com gases e com elementos suprasensíveis — combinadas com idéias megalomaníacas.

Está constantemente testando os limites e investigando a pessoa do terapeuta. Com essa paciente, foi necessário trabalhar na situação terapêutica com a idéia não tanto de linhas, mas de zonas de contato nas quais pudesse diminuir, por meio de diferentes informações, as ansiedades persecutórias que ela trazia para a sessão. Na zona de contato pode haver maior informação sobre a vida do terapeuta, opiniões etc. No tratamento, jogou-se com aspectos da personalidade do terapeuta em função da construção de matrizes imaginárias de onde se pode jogar o correr do desejo que é conhecido como transferência.

Durante o processo terapêutico, Letícia passa de uma situação paranóica, muito estruturada, para outra, na qual a temática da sexualidade é insistente no nível dos comentários, das atitudes corporais, da relação com os médicos.

O que é que se transfere do paranóico para uma certa bizarria sexual?

Nesse enquadramento foram imediatamente incluídos:

— Interpretações.

— Explicações. Por exemplo, sobre o austral e os pesos lei, suas *equivalências*.

— Exercícios corporais.

Letícia comparece a muitas sessões com uma dor em determinada parte do corpo, por exemplo, com contrações nos músculos masseteres ou tensão generalizada.

Às vezes, após esse tipo de atividade, faz associações com sua família, com fantasias megalomaníacas, fantasias sexuais, perguntas sobre o funcionamento corporal.

O trabalho corporal (exercícios de conscientização corporal e massagens) criou uma relação de confiabilidade e de proteção que lhe permitiu diminuir a perseguição em geral e do terapeuta em particular, revisando as fantasias persecutórias.

A pedido dela, explico-lhe as equivalências entre austrais e pesos lei, durante as sessões (foi um pedido relacionado com a diminuição das ansiedades diante das mudanças no sistema monetário). Dou as explicações com um certo agrado de minha parte e, por outra, com certo questionamento. Que função exerço para essa paciente? A de professor, conselheiro espiritual, sacerdote, médico tradicional? Possivelmente representei estes papéis durante um período prolongado, e tive que seguir representando-os, o que tornou possível realizar as equivalências na passagem dessas funções para a função analítica que, nela, significa repetir momentos de perseguição na relação com o terapeuta, poder decifrá-los, desconstruí-los e passar para a "persecução da sexualidade".

Que relação existe entre a sexualidade e as descrições sadomasoquistas com seu ex-companheiro, fantasias de ser trancada, raptada, confabulações contra ela e sua filha, temores de uso de drogas?

Teorias, fantasias sexuais infantis, interpretações da realidade e mitos que não puderam ser substituídos por outros, e que no contexto da terapia vão se transformando.

MARGARITA

> Terei tempo para fazer uma máscara para mim
> para quando eu emergir das sombras.
>
> ALEJANDRA PIZARNIK

Margarita faz uma máscara na oficina de artes plásticas do Instituto e dramatiza com ela no grupo terapêutico. Meses depois de tê-la feito, faz associações sobre ela em uma sessão individual. Ela a fez pensando em uma máscara romana.

"Para a cor marrom, pensei no Sul da Itália. Para a boca larga, na Fonte de Trevi." Estive em Roma em 1968. "Mas, ao terminar as linhas das cores laterais, ela se transforma de romana em indígena." Seus companheiros de grupo associam essa máscara com o indígena. Ela relaciona o indígena com Túpac Amaru. O romano e o indígena parecem ser duas linhas de peso em suas associações posteriores.

A Fonte de Trevi associa, com uma boca grande e larga (relaciona-a com a sensualidade), as moedas que vão à boca da fonte.

Associa 1968 com o maio francês, ano em que vai a Roma, com o momento de rebelião diante de seus pais, a mudança de colégio, o começo do trabalho, a universidade.

Define Túpac Amaru: "Indígena de Machu Picchu que se rebela contra a colonização espanhola, que lidera uma revolução para evitar que o colonizem e que esquartejem seus cavalos.

O indígena (seria o lugar de suas pulsões, da destrutividade e da retaliação) estaria dentro da linha de ruptura do corpo (Túpac Amaru). O romano, a fonte, com a elaboração do destrutivo da oralidade, com a passagem da analidade à produção elaborativa, tridimensional, corporal.

As linhas associativas a partir das máscaras são:

ROMANA $\Big\langle$ Sensualidade
Boca-moedas

1968 $\Big\langle$ Maio'68 francês
Mudanças institucionais significativas
Rebelião diante da família
Cavalos $\Big]$ Túpac Amaru

Podemos encarar a máscaras de Margarita como condensação de: sensualidade, oralidade, ascendência, rebelião, esquartejamento, transação.

A diferença de tempo entre a construção da máscara e a sessão em que acontecem essas associações é de nove meses, quase o tempo de uma gravidez. O que foi gerado nesses nove meses? Possivelmente uma estrutura de simbolização em torno dessa máscara.

Poderíamos pensar que essa rede de relações estava condensada na máscara, e que a construção adiantou-se à elaboração. Por sua vez, as associações dão novo significado ao lugar da máscara.

Como em um sonho, sobre ela confluem diferentes linhas de pensamento que têm, em determinados traços, um ponto de confluência. Por exemplo, na boca da máscara, da Fonte de Trevi, a sensualidade, as moedas.

JUAN

É um paciente depressivo com intensa sintomatologia corporal. As dramatizações caminham unidas a exercícios corporais e máscaras. Em uma sessão conta que, quando vai ao cinema, não consegue apoiar os braços nos braços da poltrona, e os coloca sobre as pernas com a palma das mãos para cima para que elas não adormeçam como se fossem uma "criança boba". Peço-lhe que escolha uma máscara que se relacione com essa sensação de "criança boba". Ele escolhe uma, coloca-a, olha-se no espelho. Diz muito pouca coisa. Parece que fica menor com a máscara colocada na poltrona (do cinema)-assento (da sessão).

A dramatização começa com sintomas que são freqüentes nele: fadiga, cefaléias, dores nas costas. O que aconteceu nessa dramatização com máscaras? O que despertou a reação afetiva, e o que impediu a verbalização?

Nas origens da psicanálise, Freud tenta estabelecer pontes entre o corporal e o psíquico.

No "Manuscrito K" diz:

"O período (até quatro anos) tem o caráter do não-traduzido, de modo que a evocação de uma cena sexual '1 a' não leva a conseqüências psíquicas, mas à realização (isto é, a conseqüências físicas), à conversão. O excesso de sexualidade impede a tradução em imagens verbais".

Podemos pensar que essa cena leva-o a evocar inconscientemente outra, primária, com um "excesso" de carga afetiva, que não pode ser retraduzido em palavras, mas que se expressa em sintomas corporais. O que acontece "experimentalmente" durante a sessão é o que, em grande medida, ocorre com sua enfermidade.

Essa "realização" na cena dramatizada e na cena da sessão (na qual o terapeuta ou algumas de suas máscaras são um dos protagonistas do drama transferencial) fornece as condições para a "passagem do não-traduzido para as imagens verbais".

Há várias cenas: uma é a que acontece no cinema em relação à poltrona, onde se ressaltam dois aspectos: a) o aspecto de posição corporal, que está relacionado com o expandir-se ou retrair-se corporalmente e com fenômenos de competência com o vizinho de poltrona, segundo sugere o paciente; b) uma qualificação de bobo em relação ao partido que toma diante dessas duas posições. Outra cena é a dramatizada, a cena "um" ou a cena manifesta que evoca imediatamente, no paciente, uma cena "dois", traumática, que desencadeia a sintomatologia descrita anteriormente.

Ao colocar a máscara, o paciente se encontra com imagens negadas, ocultas, de sua própria personalidade, imagens que estão presentes, mas que não são conscientes. Na cena dramatizada, a máscara ajuda a destacar o aspecto da qualificação de bobo.

Aparece desmistificada a bondade, uma igualdade entre bobo e bom a partir de associações do paciente. O que estaria por trás da bondade seria a "estupidez".

A dinâmica de diminuir ou de crescer, que implica a concorrência pelo espaço com o vizinho de poltrona diante da cena do filme que observa, remete a transformações do narcisismo e à problemática da castração diante da cena primária.

É a impossibilidade de acessar um lugar "não-bobo, inteligente". Um lugar "não de pedir, mas de exigir". Seria acessar um outro lugar independentemente dessa polaridade. A máscara o conecta com determinadas fantasias e mitos.

A repetição de seus sintomas ofereceu a possibilidade de se fazer uma observação através de imagens de seu *self*, o contato com imagens fundamentais, o desmascaramento que o levou a contatar com fantasmas que lhe permitiram verbalizar o que aparecia com o aspecto do "intraduzido".

FLORÊNCIA

As precisões — isto é, o contrário da metáfora — colocam-se a serviço da resistência, enquanto que a palavra inesperada, e injustificável, faz no discurso um rasgo através do qual se vislumbra algo que devia permanecer mascarado.

MANNONI, O.

No caminho percorrido com Florência aparece uma polarização na qual, por um lado, está o fato de ser gorda (consciência ou obsessão por seus 10 quilos a mais) e, por outro, a delgadeza.

Na gordura aparece diferenciada, por um lado, a obsessão de comer e, por outro, sua aparência como gorda. Surge, através do diálogo na sessão, o interesse por investigar sua aparência.

Ela caminha na sessão olhando para baixo, com o corpo pesado. Faz associações com a amiga de uma amiga gorda...

Proponho-lhe esquecer as personagens conhecidas. Com isso, pretendo que ela adentre outros circuitos de significação. Que escolha tecidos. "Caminho em um deserto e, ao longe, há um arco do triunfo do qual não quero me aproximar, e em um lado há uma escavação arqueológica." Entra nela. Descobre uma pedra com uma inscrição, dois triângulos, três listras verticais, uma letra...

Prefiro não interpretar a triangularidade edípica, nem os signos que se apresentam; seria saltar por cima do caminho a ser percorrido.

O sintoma psicossomático, a gordura, falta de fantasma, de estrutura de simbolização, que possa atar e metaforizar o corporal "saído da mãe", encontra no exercício corporal com tecidos, no sonho dirigido, uma estrutura imaginária. Desse modo, o discurso da gordura, discurso semiótico, pode ser incorporado em discurso gestual, em imagens, verbal, cênico. Florência escolhe uma máscara branca que diz que corresponde com esse personagem.

Através da metáfora construída com o exercício, a palavra gordura se metonimizou, deslocou nessa história. A gordura como condensação ininteligível se transforma em hieroglifos (não só o da pedra) que entusiasma a paciente como processo de busca.

Passagem, sublimação da pulsão oral para a pulsão de saber?

Foi uma passagem de máscaras. A da delgadeza e a da gordura para a máscara branca. Esta abre novas questões. Transforma-se, muda o terreno da "batalha", da máscara silente da gordura produz-se a passagem para a máscara branca.

A mudança de terreno parece muito importante para o processo da cura.

Freud o conceitualiza pela transferência, no sentido da passagem do repetitivo das relações primárias à repetição e à sua possibilidade de elaboração, na relação com o terapeuta.

Com este trabalho produz-se uma transferência ampliada não só sobre a figura do terapeuta, mas também sobre os "recursos" dispostos no consultório.

Não é apenas a máscara como recurso técnico, também vemos incluído o trabalho corporal, os tecidos, o sonho dirigido, o desenho, a palavra, a interpretação, o jogo. Mas a máscara condensa. É um objeto com uma carga simbólica muito grande. Carga cultural e pessoal.

Os diferentes recursos permitem trabalhar em um espaço transferencial ampliado. Há marcas, espacialização, registros simultâneos do processo de transferir. Nem sempre isso é possível. Nem sempre o desejo de devorar pode ser passado ao objeto transicional. Mas são criadas melhores condições.

INVESTIMENTOS

No trabalho com máscaras criam-se condições para o metabolismo dos investimentos.[6]

A máscara pode jogar como objeto metonímico, isto é, sobre o qual a carga de afeto pode se deslocar do cavalo para a máscara de cavalo, e desta para outra máscara.[7]

A primeira e segunda máscaras (pode ser uma série de máscaras) exercem um papel de desmascaradoras do objeto de angústia. O deslocamento já começou com a máscara do cavalo; esta já é um representante ficcional do cavalo de angústia. A primeira inicia outro percurso. Análogo ao percorrido na formação do sintoma, gera condições para que os investimentos inconscientes e os contra-investimentos possam ser modificados.

Existe um momento de aumento da angústia que é o da emergência da energia livre no processo de passagem do objeto, origem da fobia, para o objeto fóbico e para o objeto máscara. Essas passagens se dão em determinados contextos chamados cenas, nas quais se produz um processo de reinscrição.

Que este processo seja efetivo ou não, depende das características das máscaras escolhidas e da carga de afeto. Processos semelhantes ocorrem, também, em outra situações.

Em um paciente deu-se um, de aglutinação de imagem e afeto, no qual tudo o que foi depositado nas máscaras não pôde ser metabolizado. Em Margarita, o depositado na máscara permitiu uma reanálise (parto), nove meses mais tarde. Em Juan, a concentração expressiva na máscara não impediu, e, sim, favoreceu sua reanálise.

O trabalho corporal dramático com máscaras, mais do que desconhecer a palavra, lhe dá corpo.

A fórmula freudiana "ali onde estava o id, chegará o ego" remete à passagem do processo primário para o secundário (da representação de coisa para a representação de palavra[8]). A máscara dá carne a essa passagem, brindando o pré-consciente com estruturas, de modo que elas possam se enlaçar na representação de coisa com a de palavra.

O traço colocado em destaque pela máscara e/ou *a* ou *as* gestalt destacadas são as imagens que se prestam à convocatória do pré-verbal, e não apenas isso. Por alguns momentos existe uma passagem brusca de "baixo para cima", do inconsciente para o pré-consciente, mas para que seja realmente uma passagem de sistemas e que não se volte a reprimir, depende das articulações imaginárias e simbólicas, das matrizes imaginárias que se produzem e que produzem os espaços de metabolização. Tenta-se destacar que as matrizes imaginárias devem ser elaboradas no interior do sujeito (individual ou coletivo) para que estas sejam significativas. O trazido do "exterior" pode servir de modelo e, para que sirva, deve ser catequizado, investido ou reinvestido.

HISTÓRIA E SEDUÇÃO

O jogo com máscaras se baseia, em parte, no valor da sedução entendida por Baudrillard, como primazia da aparência e do ficcional, por cima do sentido e do desejo. Jogo em que se quer romper com a realidade das personagens internas e com determinados mitos da cultura.

Em minha prática psicoterapêutica, há um momento de identidade na qual se recolhe a história pessoal e familiar (tem a ver com o momento A, descrito em "Corpo, psicodrama e psicoterapia de grupo", ver p. 39).

Na psicoterapia pode haver o perigo de cair no endeusamento dessa realidade e dessa história. Isso acontece com muitos pacientes ou ex-pacientes de tratamentos psicanalíticos.

O trabalho com máscaras está associado ao mostrar sem mostrar, permitir o deslize na história como um adorno. Passar ao jogo dos sinais sem sentido, institucionalizar a "sedução, o artifício como estratégia da cura.

Aqui entende-se a violência exercida por Isaac (ver p. 122) na cena "teatral" quando, ao construir o personagem, ele tenta voltar à sua história pessoal despojando-se do ficcional. A violência é também exercida por minha intervenção quando esboço as duas opções e se ele "acredita estar em um grupo terapêutico". Essa intervenção desrealizadora, provavelmente, tem efeito terapêutico através da "relativização" da verdade dos códigos que sustentam a identidade desse paciente.

Sua história é importante.

"É ou não um grupo terapêutico?"

O que é um grupo terapêutico?

Este trabalho é psicanalítico? É psicanalítico o endeusamento da novela familiar ou o psicanalítico tem a ver com a desconstrução dessa novela e a construção de outras estruturas ficcionais que permitam reconstruir aspectos da própria identidade?

O impacto da máscara relaciona-se com o tornar presente o outro dessa novela.

MÁSCARAS

A máscara[9] é a cristalização corporal da estrutura do sujeito. Como o mais "externo", o que se mostra para fora, reflete o mais "interno".

É como o cinto de Moebius, no qual o que é interno em uma volta, é externo na outra. Na máscara se comprova a afirmação freudiana de que o ego é eminentemente corporal. No conceito da própria máscara assinalamos o duplo aspecto indissolúvel de couraça e emblema. Com Reich, na couraça acentua-se o aspecto energético, econômico. O emblemático, a partir de Lacan, a estrutura representacional é acentuada nos brasões, no escudo de armas.

Há uma correlação complexa entre história familiar, estrutura do sujeito, imagem e esquema corporal, e máscaras. A máscara aparece como o órgão de superfície, como a cristalização no nível da superfície do mapa fantasmático corporal.

Pode não ser uma só, mas várias, e essas por sua vez vão mudando. A estrutura das máscaras vai se modificando no curso da história do sujeito. Há máscaras cristalizadas que têm determinada permanência e que podem ser localizadas ou não; no primeiro caso pode ser, por exemplo, em

130

uma contração muscular. Possivelmente a contração irá se mobilizar se se conseguir separar ou transformar a máscara ali localizada. Em nossa prática isso não é difícil de acontecer; por exemplo, uma dor de cabeça que passa ao se desenhar o rosto em um papel. Pode-se dizer que é por sugestão, por sedução. Relaciona-se com "eliminar os espíritos alojados no corpo". Mais do que eliminá-los, trata-se de dar lugar a eles, de recorporificá-los, recolocá-los, dar a palavra "aos espíritos" (fantasmas inconscientes) alojados no corpo.

NOTAS

1. No consultório existem máscaras que são usadas pelos pacientes em diferentes ocasiões.
2. Na definição do nome que ele dá a seu personagem, está a proposta de não ser o personagem de seu nome, bíblico, nem de seu sobrenome. Mas, que história é recuperada?
3. Novamente, o número seis, que apareceu em desenhos que fizera em sessões anteriores, o de sua idade, seis anos, ao nascer sua irmã.
4. O conteúdo dessa cena está, possivelmente, relacionado com essa submissão, e com o protesto por minha intervenção.
5. Ver "A queda", p. 84.
6. Os investimentos são processos econômicos, isto é, que têm a ver com as cargas psíquicas, relacionadas com a repressão *a posteriori*. Nos investimentos inconscientes, a representação encontra-se presa pelo inconsciente. São as cargas energéticas das representações. O contra-investimento é uma espécie de laço para impedir o retorno do fantasma do reprimido. É parte do sistema pré-consciente-consciente. No caso Juanito, no qual está a fobia por cavalos, Laplanche diferencia vários tempos: a) moção que se torna reprimida junto com seus representantes (amor ao pai); b) angústia pura, libido liberada das representações conexas, libido em estado puro e, por isso mesmo, destrutiva; c) em lugar de uma angústia não-simbolizada, um animal de angústia, o cavalo que permite: 1) uma racionalização das condições de aparição da angústia; e 2) estruturação do espaço. Em termos de contra-investimentos, o cavalo de angústia é o contra-investido, contra a aparição da representação original. Em seguida, seu próprio meio é contra-investido para impedir o encontro animal.
7. Tomo a fobia por cavalos do caso Juanito de S. Freud.
8. Representação da coisa, representação da palavra. A representação da coisa é essencialmente visual e se encontra no inconsciente. São os investimentos primeiros e genuínos do objeto. A representação da coisa é sobreinvestida pelo enlace com a representação da palavra (essencialmente acústica, deriva da palavra) no pré-consciente. Dessa maneira, produz-se uma organização psíquica de maior elaboração. O sistema inconsciente somente compreende representações de coisa. O sistema pré-consciente-consciente caracteriza-se pela ligação entre a representação da coisa com a representação da palavra.
9. Nesse parágrafo refiro-me às próprias máscaras, as que o sujeito leva em seu próprio corpo; não as feitas de diferentes materiais.

Nexos:
Psicanálise e semiótica

A. Sercovich assinala que "a operação do psicanalista na situação psicanalítica, especialmente sua intervenção lingüística em forma de interpretação, designação ou construção, consiste basicamente em codificar lingüisticamente sentidos não-lingüísticos ou transformar elementos de um sistema em termos de outro sistema semiótico. A fantasia inconsciente, como codificação de elementos psíquicos de natureza não-lingüística (representação de coisa, afetos), é tratada dentro de um sistema particular — a língua —, e isto produz transformações. O psicanalista faz da descrição lingüística de sentidos não-lingüísticos seu principal instrumento de intervenção". Mesmo quando esta função de codificar lingüisticamente é básica, está claro que junto com ela o psicanalista exerce outras funções da comunicação que são imprescindíveis para o processo da cura, que poderíamos caracterizar como uma comunicação semiótica não-lingüística. Nesses "caminhos da cura", expostos neste livro, pretende-se que estes aspectos não-lingüísticos exercidos, muitas vezes, não conscientemente pelo psicoterapeuta, não contemplados dentro de sua poética, sejam levados em conta e que, ao mesmo tempo, essa "violência da interpretação", neste caso entendida como passagem de um sistema para outro (comunicação não-lingüística para lingüística), possa ser transicionado com uma série de recursos técnicos que facilitem essa passagem e acompanhem o paciente nesse transcorrer. Desse modo, produz-se um campo ampliado, de maior abertura na zona dessa passagem. A consideração da poética leva em conta não somente os diferentes códigos do paciente e do terapeuta, mas também os estilos, as culturas ligadas à história pessoal familiar e social.

Cenas da psicanálise

A) Como se entende a cena a partir da psicanálise?

A cena primária é a de origem, é um ponto na história ou uma metáfora sobre a estrutura.

Cena, como imagem, onde deter a análise ou como lugar de pontuação, de chegada e de partida, de nó em uma rede que vai sendo criada no acontecer existencial, onde o discurso, ao mesmo tempo em que a representa, lhe dá origem.

Origem, como lugar mítico da repressão primária, onde o sujeito se humaniza com o acesso à linguagem e se afasta do "em si" da coisa.

Psicanálise, não como religião, mas como interrogação sobre o lugar do sujeito, sua estrutura, sua cisão. Sujeito, como ser social, como conjunto das relações sociais, onde o outro é um.

Lugar alienado na dialética eu-outro que se inaugura na fase do espelho, onde a imagem do espelho é alternativa e máscara frente ao corpo fragmentado.

Assim, a máscara é a da alienação do sujeito do significante.

Tocar a máscara, desmascarar, é jogar com o falo imaginário, o título, o nome, e com o falo simbólico, deslize metonímico do nome e do nome do pai.

Toda tarefa analítica é, nesse sentido, uma tarefa de superar determinado mito, desestruturá-lo e reinscrevê-lo. É desmascarante. Ao usar as máscaras, esse processo se acentua, produz-se um fenômeno de desmascaramento, de desestruturação, do qual é difícil se evadir.

A máscara é a promoção do falido, das formações do inconsciente, da palavra carregada com o desejo. A máscara é o falido da cena. É o que entra em contradição com o sentido do sentido comum. Porque ressalta o lugar do desconhecido, o umbigo do sonho.

B) Qual é o trabalho psicanalítico com a cena para que possamos considerá-lo como tal?

Qual é a função do analista diante da cena, da cena dramática, da máscara? Há uma grande preocupação no sentido de que o terapeuta não ocupe o lugar do objeto, não obstrua o jogo de desejo, não se coloque no lugar do sujeito, suposto saber-poder, não se perca na construção imaginária. Estabelecem-se regras, mas estas não resolvem. Ter um divã, trabalhar cinqüenta minutos ou com tempo livre, fazer cara de psicanalista e vestir-se como tal, não garante que se faça psicanálise. As regras se transformam em máscaras, em construções imaginárias; para que estas sejam produtivas, devem ser retrabalhadas. Refiro-me à Cena da cena. A teoria psicanalítica, para que assim seja, deve trabalhar sobre seus próprios conceitos, deve se reler, assumir a fantasmática do paciente, permitir:

a) sua espacialização, quando for conveniente;
b) sua metabolização, metonimização, deslocamento em uma outra cena; possibilitar que o discurso repetitivo *fique marcado.*

Permitir as construções imaginárias para que o inconsciente do real possa ter lugar. O trabalho psicodramático pode deter-se nesse lugar para dar espaço à palavra do terapeuta ou pode prosseguir o jogo de deslocamentos, a construção de metáforas mutantes, o lugar da repetição e da elaboração, o curso do significante, a construção de metáforas nas quais os recursos da cena não são únicos. É o corpo desnudo, como dizia Grotowsky, onde estão incluídos o movimento corporal, as máscaras, tecidos e diferentes objetos que em teatro se chamam objetos cenográficos e que, em psicanálise, podem se chamar, por exemplo, objetos transacionais, no dizer de Winnicott. Objetos que permitem a ancoragem, o balizamento do jogo, do desejo, da fantasmática inconsciente.[1]
"De modos diversos, o jogo, a dramatização, a máscara e o corpo criam matrizes imaginárias onde o que existe no inconsciente pode se apresentar. São focos a respeito da sobredeterminação inconsciente destas matrizes."[2]
À medida que se investiga a sobredeterminação inconsciente, as matrizes se transformam e nesse jogo se despeja o simbólico.
Qual é o lugar do grupo? Sem nenhuma dúvida, podem contribuir muito as diferentes teorias psicodinâmicas sobre os grupos, se é que não

se perde o discurso freudiano específico sobre os grupos, alguns dos quais são *Totem e tabu, Psicologia das massas e análise do eu, Moisés e a religião monoteísta, O mal-estar na cultura,* de S. Freud. Nessa constelação, como se dá a inter-relação entre a cena individual, a dos outros integrantes e uma suposta cena e fantasia grupal?

C) Onde deter a dramatização?

Onde se produz um efeito de sentido, de produção de significação. Às vezes, o corte permite o despejamento; em outras, o corte é a resistência do terapeuta em jogar com a fantasmática desencadeada na situação grupal. Às vezes o caos é o real jogado no consultório como condição para sua metabolização. E ainda outras vezes é defesa diante dos conteúdos.

D) O catártico

Não é estranho que dentro do psicodrama psicanalítico, nesses últimos anos, se tenha certa prevenção em relação ao catártico. Moreno o acentuou, e muito da prática psicodramática e de outras disciplinas se apóiam na catarse como relação com a sugestão, perdendo de vista a produção de simbolização e tendo-se o terapeuta no lugar da boa mamãe. Se chorar em meus braços, vai passar; chore.

Porém a crítica à catarse não nos deve fazer esquecer a formulação freudiana da cura sobre a relação da representação e do afeto. Em "Personagens psicopatas no teatro", Freud diz: "Pareceria, sem dúvida, que um dos pré-requisitos desse gênero artístico consiste na luta do impulso reprimido por se tornar consciente, embora identificável em si mesmo, aparecendo tão sorrateiramente, de tal modo que o processo de sua conscientização se dá no espectador enquanto sua atenção está distraída e enquanto sua atenção se encontra tão *tomada por suas emoções* que não é capaz de um juízo racional. Assim, *a resistência se torna apreciavelmente reduzida,* à semelhança do que ocorre no tratamento psicanalítico quando os derivados dos pensamentos e afetos reprimidos emergem à consciência como resultado de uma atenuação da resistência...".

"Tomado por sua emoções" e "o não ser capaz de um juízo racional" relacionam-se com a identificação com a personagem e esta como pré-requisito pelo qual *a resistência se torna reduzida* quando sua atenção se encontra distraída. Produz-se um metabolismo dos investimentos e dos contra-investimentos (ver p. 128).

Investimentos nos quais a carga do objeto passa para outra representação.

Cremos que a reinscrição é indubitável, mas para que ela ocorra, para que seja de sistema (refiro-me ao consciente-inconsciente), deve produzir-se com certa carga de afeto.

O *setting* grupal e psicodramático tem, em si, uma relação com o afeto diferente da análise individual.

E) Protagonista

Há uma correlação entre a cena centrada no protagonista e a redução da visão do sujeito para indivíduo.

O grupo dá a oportunidade de jogar com o descentramento do protagonista da cena única, para passar à simultaneidade de cenas nais quais se potenciam as "diversas correntes da vida anímica do indivíduo" (Freud), nas quais a cisão do sujeito tem espacialização na situação grupal.

Recupera-se o grupo não como construção imaginária para unificar o sentido, mas para que este seja jogado na produção de significação.

A polaridade corpo fragmentado-imagem do corpo não se refere somente ao estágio do espelho, mas continua no sujeito. A dramatização centrada no protagonista é um tipo de dramatização. Não é a única.

Outra pode estar centrada no grupo a partir de metáforas grupais. Esse tipo de dramatização pode permitir a desconstrução dos mitos grupais e a recolocação de cada um dos integrantes em outras fantasmáticas. Na passagem de um mito grupal para outro, vai-se aclarando o lugar do indivíduo. A passagem de um grupo idealizado que funciona como um útero, que tudo pode conter, para outro que às vezes pode ser continente e outras vezes não (totalmente), permite que se rompam determinados ideais sobre o grupo e a coesão, por exemplo, com aspectos agressivos ou um questionamento do narcisismo.

F) A verdade da dramatização

A verdade pode sempre, neste caso, comunicar-se entre linhas.

LACAN

Alguns psicodramatistas têm a ingenuidade de pensar que a cena dramatizada é a verdade, sem se dar conta de que ela é lida nas entrelinhas. Equivoca-se o sentido, onde se "aplicar a força". Ela é "aplicada", em função de um objetivo determinado, para produzir uma suposta catarse de integração. Não somente os morenianos, mesmo quando lhes é dado um outro nome. Dessa maneira, o *sharing* ou comentário posterior pode centrar-se em torno das resistências do protagonista ou do grupo para cumprir o que deve ser dramatizado.

Possivelmente, a tarefa principal do psicodramatista-psicanalista é a decifração e a reconstrução do que é dito durante e fora da dramatização, o que é dito com o corpo e com a palavra. É sair do código e entrar no jogo metafórico.

G) Trabalho em lugares simultâneos e a cena

Na estrutura carnavalesca produz-se, no nível da cena, o descentramento do sujeito.

A simultaneidade de lugares de produção de significação, pela diferente colocação de diferentes membros de um grupo, questiona tanto a unidade grupal como a unidade do sujeito.

No plano grupal, ao mesmo tempo em que se produzem cenas simultâneas e processos de fragmentação, acentuados no nível da ruptura das imagens grupais, produzem-se processos de reunificação e, ao mesmo tempo, joga-se com o grupo como único, e com a dispersão da unidade grupal.

Isso não acontece somente em grupos. Em uma sessão individual o carnavalesco convoca outras personagens, vozes, cenas. A polifonia.

Aqui desenha-se novamente o tema da resistência em dramatizar. Volta-se a comprovar a insistência lacaniana sobre a resistência do terapeuta. O importante não é o que o terapeuta considera sobre o lugar onde a cena deve se desenvolver, mas onde se desenvolve a suposta cena a ser dramatizada e a que se dramatiza em relação ao terapeuta.

O que não se pode dramatizar não é o que deve ser vencido, mas que *isto* é a condensação da cena, que se apresenta dramaticamente. O grupo, entendido como laboratório da estrutura do indivíduo, onde se dá a fragmentação, relaciona-se com a fragmentação da imagem do corpo.

O que se estabelece é uma topologia ampliada da cena. Existe uma ruptura da unidade temática, da importância dada ao protagonista, do espaço, do desenvolvimento dos gêneros, de relação entre o ficcional e a realidade. Do ponto de vista do "trabalho em lugares simultâneos", o protagonista da cena aristotélica é o correlato do sujeito da psicologia tradicional.

O protagonismo deixa de estar no indivíduo para passar aos diferentes atores que constituem a cena.

Os diferentes atores podem ser, simultaneamente, os distintos aspectos do sujeito.

A cena que se inicia não é a única e não está em um só protagonista; define-se por meio dos lugares cênicos diferenciados da produção de significação em uma estruturação lógica relacionada em grande escala com a lógica poética, com a passagem de um discurso monológico para um dialógico.

É nessa cena que se define o sujeito, cindido pelo inconsciente, lugar de uma outra lógica, submetido ao outro que não é outro singular que pode se encarnar na estruturação imaginária, mas o outro da complexa produção da cultura.

H) Nós na cena

Quando nos defrontamos com o corpo, com qual corpo nos encontramos na tensão, na contração? Com um nó corporal, mas com um nó de significantes, com uma carga afetiva determinada. Por outro lado, os significantes se entrelaçam e constituem histórias que são fantasias e mitos de um sujeito, que dão ordens às pulsões, dão-lhe um marco, uma imagem, uma cena. Ali estão as personagens. As personagens são pontos significantes, os nós de uma cena.

A máscara é uma concentração de traços, um recorte e um superdimensionamento à maneira expressionista de determinados aspectos do sujeito. É a microscopia da personagem. Na máscara existe uma permanência dos traços. Não há matizes que a modifiquem através do tempo, embora o observador se modifique e a veja de modo diferente. Mas essa permanência no tempo, essa perduração, essa imortalidade é um elemento a mais que conecta a máscara com o sinistro.

I) Diferenças entre máscaras e personagem

A máscara fala, ressalta um aspecto de uma personagem. Não se pode falar de uma máscara generalizadamente. Existe sempre um traço, um elemento que se destaca e produz uma definição para o observador, ator, em um momento determinado. O aspecto imóvel da máscara reitera essa morfologia, repete-a. Mais do que repetir, denuncia a permanência, no sujeito, de determinado gesto definido como ato mais intencionalidade. Denuncia, também, o repetitivo desse gesto, o imutável, o quieto, o mortal. Ou seja, o aspecto de máscara do gesto.

Recapitulando: a máscara como aspecto da personagem. Seu gesto. Gesto como o repetitivo. A rigidez dessa máscara denunciaria a rigidez do gesto, sua imutabilidade, o que ele tem em comum com a máscara. O familiar da máscara com o uno. Esta é uma vertente da conexão da máscara com o sinistro.

O que se repete, o imóvel, o morto que se destaca com a máscara, que é homólogo da máscara, relaciona-se com o traumático, o espinho irritante, é o corpo de delito (o delito do corpo).

É o que se faz ouvir por meio da denegação e que retumba para ser contestado, não o eco milenar, mas a voz de um outro numa tentativa de

138

diálogo que permita a penetração da dialética do desejo, que rompa a regularidade biológica e permita o salto. Que desate o corpo. Que desate o corpo do sintoma.

Da fragmentação.

Da conversão.

Do medo.

Da obsessão.

Para chegar a outro lugar.

J) Personagens

As personagens não são apenas diferentes formas de se colocar papéis, mas sim consolidações, constelações, sínteses de múltiplos aspectos da vida do sujeito que assumem tal forma específica de acordo com a manifestação dramática inconsciente e da cena na qual está participando. São "personagens coletivos".

"Todas essas pessoas com quem tropeço ao perseguir o elemento Irma não entram corporalmente no sonho, mas se escondem por trás da pessoa onírica Irma que se constitui, deste modo, como uma imagem coletiva com traços contraditórios." A referência é de Freud, em *A interpretação dos sonhos.*

K) Máscara e falo

O discurso é alienado quando confunde o imaginário com o real. O sujeito identifica-se com suas máscaras (nomes de batismo, títulos, papéis) sem se dar conta de que elas apenas o representam, como se através delas se encontrasse o falo, o primeiro significante. O trabalho com as máscaras desmascara as identificações, é o humor negro sobre a falsidade do discurso imaginário no qual o homem crê como em sua religião pessoal.

A máscara com a qual trabalhamos é um impiedoso humor negro sobre a debilidade da ideologia, dos títulos, dos nomes, da cristalização das identidades, da falsidade do discurso imaginário. Isso não dá garantia de simbolização.

O trabalho com máscaras catalisa a dialética entre falo imaginário, eu sou esta máscara, e falo simbólico, o deslizar da máscara das máscaras.

L) Máscaras e denegação

Quando alguém coloca uma máscara que escolheu, independentemente do afeto que expresse ou da modalidade com que a use, há um salto por cima da barreira da repressão e, por meio da representação, aparecem conteúdos reprimidos na consciência. Quem o faz não sou eu, e sim a personagem. Por meio da denegação, o sujeito nega uma afirmação que já realizou. Afirma, por meio da palavra ou da ação, mas logo o nega. A máscara, ao ocultar, nega. Não sou eu, é o outro. Que outro? O outro de meu inconsciente. Nega-se o que se quer afirmar, ou melhor, seleciona-se o que está em condições de se fazer consciente. A máscara pode jogar como uma interpretação explosiva, como se afirmasse mais do que alguém pode aceitar.

A multiplicidade de cenas no nível grupal relaciona-se com as diversas correntes da vida anímica de um sujeito, com os seus diversos aspectos, que são postos em jogo na situação grupal. No nível corporal, no grupo, haveria um jogo entre a imagem do corpo e a fragmentação corporal. Isto se expressa, no nível do terapeuta, como um não entender nada dos diversos temas que vão aparecendo e, por outro lado, a busca, às vezes angustiante da interpretação, que dê coerência, e uma imagem global dos diversos movimentos da sessão. A dramatização é um modo de dar coerência e de abrir.

A máscara, tanto em nível grupal como individual, ao ser usada, imediatamente define uma estrutura, uma imagem, algo de ordem visual que tem, como particularidade, o remeter a uma outra máscara, ou seja, a máscara como desestruturante, desmascarante, que leva a uma e a outra máscara.

M) Dramatização e sonho

Relaciono um parágrafo de Freud de *Esquemas da psicanálise* sobre o sonho com uma cena com máscaras.

O sonho se forma por:

a) "Uma moção pulsional (desejo inconsciente) comumente sufocada, que encontra enquanto se dorme, a intensidade que lhe permite valer-se no interior do eu".

Nas condições particulares da sessão (situação transferencial, material associado, mobilização corporal ou dramática, situação de desmascaramento) surge um desejo inconsciente que impulsiona a escolha de uma máscara em particular.

b) "Uma aspiração que ficou pendente na vida de vigília, uma ilação de pensamentos pré-conscientes com todas as moções de pensamento que dela dependem, encontrou no dormir um 'reforço' por um elemento inconsciente."

Uma máscara encontrada por "X" razões recebe reforço de um elemento inconsciente e se solta.

140

Na sessão, como na situação do dormir, produz-se uma regressão, "como o eu da vigília governa a mobilidade" quando ela se modifica na sessão é produzida uma regressão, uma diminuição dos contra-investimentos, o que "permite ao id uma medida de liberdade que agora é inócua" (*Esquema da psicanálise*, pp. 141 e 144).

N) Resistências à dramatização

A insistência de alguns psicodramatistas com as resistências a dramatizar são, de fato, resistências à apresentação do inconsciente a analisar; é resistência do psicodramatista ao real que é imprevisto, não planejado e que não corresponde aos ideais sobre o que é e o que deve ser uma dramatização.

O que não se pode dramatizar não é o que deve ser vencido, mas sim, "isso" é a condensação da cena que está se apresentando dramaticamente.

Existe fato dramático quando o paciente enuncia uma cena, quando terapeuta (ou paciente) esboçam a possibilidade de dramatizá-la; quando se escolhem determinados matizes para serem colocados em cena, a escolha de um co-protagonista, a direção da dramatização propriamente dita, a insistência do paciente em uma linha determinada e não outra, e a interrupção da dramatização.

Qual é a idéia que o psicodramatista tem para considerar como resistência o que não se encaixa nisso?

Parece importante a análise dessa idéia que sintetiza a resistência do psicodramatista para escutar o que está no inconsciente e que não quer submeter-se a determinados modelos.

Mas surge a pergunta sobre outros tipos de resistências à dramatização. A primeira coisa que o psicodramatista deve fazer é analisar as próprias resistências como modo de se permitir uma atitude não-resistencial. Em seguida, lembrar-se de que as resistências não existem tanto para serem vencidas, e sim para serem interpretadas.

O que significa vencê-las e interpretá-las?

Muitas vezes estabelece-se uma relação submetedor-submetido, exercício onipotente do poder-saber, relação sadomasoquista entre paciente e terapeuta com lugares intercambiais a partir do exercício da pressão para, por exemplo, obter determinada saída para a dramatização. Existem terapeutas que se desesperam se o paciente não grita com uma mãe dominadora ou se uma paciente não expressa amor e ternura diante de seu filho.

Eles perdem a presencialidade da qualidade da cena em jogo e se transformam, repetem a essa mãe que não podem reconhecer a realidade desse filho. Lugares intercambiais porque nem sempre o poder é exercido pelo terapeuta. Este se transforma em um demandante da cena do outro, que este outro retém e não pensa em lhe outorgar.

Interpretar as resistências refere-se ao trabalho a ser realizado nos momentos em que o paciente pára a dramatização, embora esta não seja a única forma de resistência.

O trabalho não consiste em pressionar em determinada direção, e sim em permitir a desconstrução daquilo que está condensado. O que o psicodramatista percebe como resistência é a condensação entre diversos conteúdos que são jogados em um indivíduo e em um grupo. Conteúdo manifesto, latente, consciente, inconsciente. É uma negociação.

O trabalho sobre as resistências se dá, como dizia Freud, por *via del levare*, à maneira do escultor que vai retirando material, e faz aparecer as formas da escultura.

Em minha prática terapêutica, em muitas ocasiões, trata-se de gerar condições para que, por meio de diferentes modalidades expressivas, o indivíduo possa encontrar-se com aquilo que não busca conscientemente.

Em síntese, com relação às resistências devemos revisar as do terapeuta e as do paciente e gerar condições para a elucidação daquilo que está condensado na resistência, por meio de diferentes recursos expressivos. A interpretação joga a partir desse ponto de vista.

Não me detenho em apontar os diferentes tipos de resistências.

NOTAS

1. Perigo que o objeto obstrua o jogo do desejo. Este não é universal. A sugestão pode ser exercida com alterações na respiração do analista por trás do analisado, quando lhe aperta a mão ou com os objetos. Vai depender de como se trabalha.
2. Ver p. 167.

Psicoterapia de artifícios

I have tricks in my pocket.[1]

TENNESSE WILLIAMS

Acordo, e a "Psicoterapia de artifícios" ilumina a escuridão da noite. Parece ser a fachada de um sonho.

É uma época em que me pergunto sobre a definição da prática psicoterapêutica que realizo. É psicanálise ou não é? O que é essa prática? Nesses dias leio um livro intitulado *El lenguage del arte* (*A linguagem da arte*) de Omar Calabrese e escrevo sobre psicoterapia e poesia. A semiótica, a poesia, o pré-verbal são artifícios. A linguagem é a cara do ser.

A semiótica é mais abrangente do que a lingüística? Qual é a relação da psicoterapia com a arte? Com a ciência? Com as profissões (com a profissão de meu pai)?

Mas os artifícios lembram fogos de artifício, a mentira. Os diferentes objetos que utilizo como mentiras: varas, tecidos, escadas, máscaras. Máscara como mentira de uma verdade, por sua vez, mentira de outra, e como verdade de uma mentira.

Por acaso, as palavras não são artifícios? Também o são, em relação ao natural. Respondemos apenas com artifícios à pergunta que o paciente nos faz em relação ao objeto primigênio, embora em determinado momento se necessite crer que essa palavra é a verdade congelada. Pode ser verdade, e o é, à medida que é diálogo, trama de textos onde o "isso" fala. Não o é quando a palavra fica congelada na armadilha da identificação.

Armadilha especial para o (do) analista, de seu narcisismo, para que ele possa crer que está jogando em um lugar mais vivo do que o lugar do morto. Claro que, paradoxalmente, quando assim o faz, quando quer se fazer de vivo, antecipa-se no lugar da repetição e cai realmente morto.

Se o analista perde o prazer dos jogos com os artifícios, estes se transformam em signo. Detém a cadeia de significantes com o que se reafirma que se é analista, à medida que se confie no valor do jogo e não se

143

caia no prazer de oferecer seu corpo como objeto, fetiche, falo, frente ao nada do desejo do paciente.

Claro que uma coisa é ser mãe causadora de anorexia nervosa, insistindo com a comida e com seu corpo, e outra é o medo de se contaminar o temor de ser mãe.

É por isso que Winnicott, com seus objetos transicionais, aparentemente no papel de mãe, pode produzir efeito de simbolização em nível de teoria com um espaço transicional.

Os jogos de artifício parecem encher o céu, vazio de Deus ou de deuses, e apontam caminhos ou buscas. Por isso, na cura, há um aspecto de alívio dado pela presença, não do analista-computador, e sim da pessoa do analista, que se oferece como artifício diante do natural que não pode acontecer.

É que se não houver artifícios, construções imaginárias, não haverá marcas, andaimes para o diálogo com o outro e com o Outro.

Artifício é a palavra, também é o calor da mão, a intensidade do aperto, a singularidade da saudação, a respiração. São como componentes particulares, como componentes humanos do *setting*, citando Bleger. É imprescindível que se gerem condições para que aconteça a cura, e não se caia, em função de uma pureza idealizada, no hospitalismo insosso de uma psicanálise asséptica.

A palavra é artifício a partir da repressão originária na qual pode ser diferenciada da coisa; e é também imagem que dá ordem ao caos do corpo e diferenciação com o corpo do outro.

Mas também poderíamos dizer que o artifício é a natureza do humano.

NOTA

1. "Tenho truques em meu bolso." (*Tricks*: truques, artifícios)

Nexos:
O drama da psique

A psicoterapia, a psicanálise e as disciplinas relativas ao humano são atraídas por duas tentações. Uma é a eficácia e a outra é a ideologização, entendida como explicação geral do mundo (a *weltanschauung*). A eficácia, que parece associada ao pragmatismo norte-americano, está ligada à produtividade. A eficácia na solução dos problemas. Em duas sessões, com esses passes (mágicos ou não) o curamos da fobia e de outras coisas. Muitas vezes é assim. Ocupam o lugar deixado por outras psicoterapias que parecem se desentender na resolução das problemáticas que trazem os pacientes. Ao mesmo tempo, não deixa lugar para outra escuta ("a outra escuta, a do inconsciente") que não tem tanto a ver com a eficácia nem com a anulação do sintoma, e sim com o que este comunica enquanto "carência de ser".

A outra tentação é querer explicar tudo a partir de uma ideologia que não deixe resquício para a dúvida. Chamem-se psicanalistas, espiritualistas, lacanianos, kleinianos ou o que seja. Eles transformam a disciplina da qual partem em ideologia autoritária.

Fica difícil, diante da complexidade do real, da queixa impossível-possível dos pacientes, dos grupos, do humano, não se oferecer como mestre para tapar nosso próprio não-saber diante do real. Invocando a Deus, muitas vezes o castramos. Invocando Lacan o reintroduzimos na IPA (International Psycoanalitical Association). A burocracia não tem fronteiras e a relação poder-saber parece estar neste jogo. São caminhos que não compartilhamos, os compreendemos.

Nossa tarefa pretende gerar um espaço de escuta, de diálogo com o outro, com algumas certezas, com circuitos de compreensão e elaboração. Com espaços privilegiados para a interrogação e para a verdade que este encontro produz.

Não é nem ecletismo nem agnosticismo. É busca, mais que encontro. Não é eliminar Deus e, tampouco, o bezerro de ouro. É colocá-lo entre parênteses, seja para que apareça com a forma da tridimensionalidade, o ponto e a linha, seja com a forma do conceito. Não desprezemos as tábuas, nem as sagradas nem as das leis.

V
Jogo

Máscara e jogo

O jogo gera-se no espaço potencial entre a mãe e a criança, entre o objeto externo e o objeto interno. Existe um desenvolvimento que vai dos fenômenos transicionais ao jogo, deste ao jogo compartilhado, e dos jogos compartilhados às experiências culturais, segundo aponta Winnicott. A máscara poderia ser entendida como um objeto transicional, como um objeto cultural. A transição à qual se refere o nome do objeto é dada entre o mundo interno e o mundo externo. A particularidade da máscara como objeto transicional é dada por suas duas caras: a externa e a interna, verso e reverso. Uma solidária à outra, uma determinando a outra. A máscara põe essa unidade em evidência, o que ela oculta, a cara interna é a que é mostrada no final. A máscara, um elemento para mostrar, para sair para fora, para o externo, é um elemento para sair, paradoxalmente, também para o interno. Isso faz parte da fascinação do jogo com a máscara, jogo em um espaço potencial de união entre o interno singular e o "universal".

MÁSCARA, MITO E JOGO

No jogo com as máscaras nos reencontramos com o mítico. É que a máscara leva ao contato com personagens primárias, a cenas desestruturadas.

As explicações implícitas ou explícitas, isto é, reconstruídas, têm um conteúdo mítico, têm relação com ele mas não o são. Um mito é um texto que organiza o desconexo, os opostos, que os globaliza.

O rito tem seqüências prefixadas, insiste na repetição do passado. O jogo é o reino do aqui e agora, diz Graciela Scheines, opondo-o ao rito.

149

Diria que o jogo representacional se debate entre a criação de espaços novos, de novas histórias, e a repetição, o de ser ritual de determinado mito que o sustenta.

MÁSCARA E DESTINO

No jogo, em geral, e com as máscaras em particular, o jogador tem a ilusão de recuperar a globalidade perdida no curso de sua história. Sujeito subordinado à mediação da linguagem que lhe permite simbolizar e compreender o mundo, mas que o distancia da imediatez das coisas.

Sujeito da intermediação: senhor da natureza e também escravo da mediação. No jogo, as coisas se desprendem, aparentemente, dessa intermediação e o ser humano recupera o contato direto, sensual, com o objeto. Como no espaço mítico, unem-se os opostos, os espaços, o céu e a terra, a natureza e a cultura.

O jogador crê tocar o céu com as mãos, unidade dos opostos, crê tornar-se dono de seu acontecer, sujeitar o que o sujeitou. No jogo se toma posse do destino para o qual se estava destinado no texto escrito por suas redes familiares e por seu contexto sociocultural histórico.

Alegria de jogar, prazer de fazer, tristeza e alegria de terminar e de se reencontrar com a realidade.

JOGOS E MÁSCARAS: ALGUMAS HIPÓTESES

1. A máscara é pessoa, *personare*, a pessoa é a máscara. O termo latino *persona* deriva da palavra grega cujo significado é máscara. Pessoa se relaciona com *personare*, fazer soar a palavra. Etimologicamente, pessoa, máscara, *personare* estão relacionados.

2. Ao jogar com máscaras, o fazemos com a unilateralização da pessoa em uma só máscara. Promove-se o uso de outras máscaras. As outras máscaras não lhe são estranhas, têm a ver com o passado histórico universal, pessoal, com o Outro, tesouro da cultura.

3. Com as máscaras entramos no campo do jogo, que não é apenas uma técnica, mas o descentramento do sujeito da unilateralização de um mito, de uma história que o aprisiona e protege; é a permissão e a oportunidade de jogar com outras histórias. É a viagem de Ulisses, é o descentramento do sujeito.

4. A máscara não dá garantia de desmascaramento. Pode se jogar com máscaras, detendo-se no momento do mascaramento. É quando o jogo entra no lugar do estereótipo.

150

5. Na Mascarada (ver p. 198), entendida como campo de jogo, potencializam-se as outras personagens. O mundo imaginário, os outros.

6. A liberdade dada pelo jogo baseia-se nas regras precisas nas quais este está estabelecido. Aqui há uma relação com a proibição do incesto como regra geral da entrada no campo da cultura. As regras e sua observância permitem que o jogo transite pelo campo do real, do imaginário e do simbólico.

7. As regras e os enunciados podem ser explícitos, manifestos ou por meio de uma alteração nas condições nas quais o jogo se dá, tais como uma alteração no som, na luz, na aparição de um objeto.

8. *Jogo e realidade*: alguns temem que o jogo seja uma evasão da realidade; "leva a uma torre de marfim", como dizia Rubén Darío; outros desejam que o jogo não se evada da realidade; e outros desejam que o jogo conscientize. Quem se presta ao jogo sem trapaça, isto é, permite-se navegar tratando de ser coerente com ele, se dará conta de que está se distanciando do cotidiano para entrar em um mundo mítico; e caso se aprofunde nele, verá que estes também povoam seu cotidiano que aparecerá novamente enriquecido, ampliado pelas personagens do mundo mítico.

Dialética do tempo histórico mítico, não como entidades separadas, mas como momentos que se realimentam mutuamente. O que se quis atirar pela porta do campo do jogo insiste em querer retornar pela janela.

9. *Jogo e psicoterapia*: a terapia é um jogo. O jogo não é algo degradante, muito pelo contrário. Para determinadas instituições é degradante, no sentido de subverter o que deve ser.

Existe o perigo de reduzir o jogo à terapia. Também a terapia ao jogo. A terapia é um jogo no sentido de poder atribuir outros sentidos ao sintoma, incorporá-los ao metabolismo da cadeia significante ou habitar com outras personagens, com outros mitos. Jogos com objetos, com palavras.

Freud dizia: associação livre e interpretação relacionadas com essa associação. Era um jogador empedernido, um viciado nesse jogo. Mesa não é apenas mesa, tampouco é o que em um dicionário *ad hoc* significa mesa. É o que significa no jogo de palavras de um só sujeito singular em uma situação cultural particular.

A máscara se insere em uma corrente terapêutica que considera, como recurso terapêutico, não somente a palavra, mas também o corpo, a dramatização, o expressivo e o jogo. Não de modo caótico, mas dentro de uma compreensão e de uma estratégia. Compreensão e estratégia, não como entes imutáveis, mas como elementos que se modificam e se enriquecem no verdor da prática.

10. *Onipotência e jogo*: existe uma multiplicidade de recursos que o coordenador do jogo maneja *versus* a fantasia onipotente de poder manejar todos os recursos, ou seja, o coordenador do jogo pode trabalhar com uma série de recursos, mas deve tomar cuidado com a fantasia onipotente de poder manejar todos eles.

Jogo
e psicodrama

Nós, psicodramatistas, realizamos um tipo de jogo: o representacional, mas nem sempre temos consciência de suas características gerais. A tônica, neste texto, está no jogo em geral, e também faço referência à relação entre jogo e psicodrama, e jogo e psicanálise.

PSICODRAMA E JOGO

O psicodrama tomou o tema de certo tipo de jogo, o representativo, e o desenvolveu.

Em Moreno a tônica se deteve em desenvolver as capacidades criativas, permitir que se desenvolvesse ao máximo a espontaneidade, passando sobre as conservas culturais, a fim de permitir o encontro com o outro, a possibilidade de desempenhar diferentes papéis.

Assim como Winnicott mais tarde assinalou o valor terapêutico do jogo, Moreno insistiu no valor terapêutico deste jogo chamado psicodrama.

Pichón Riviere afirma: "Ali no sinistro encontra-se a contrabeleza. Isto é, a coberta do sinistro se transforma em maravilhoso, mas o sinistro está subjacente. No esconderijo do sinistro se oculta, viva, a beleza".

Pavlovsky-Kesselman tomam uma citação de Pichón de *El proceso creador* (O processo criador): "O sinistro, ao ser elaborado como vivência estética, se transformou em maravilhoso". Assinalam que a ponte entre o sinistro e o maravilhoso é, portanto, a vivência estética. "Como se a ambição fundamental fosse ensinar-lhes a 'jogar' com a confusão", daí utilizarem a confusão como recurso terapêutico, mobilizador, "como modo de tornar consciente o sinistro e transformá-lo em um ato criativo" (pp. 59 a 62).

Levobicí assinala a importância do jogo na psiquiatria infantil e como, ao estendê-lo aos adultos, este pode ter uma função expressiva terapêutica mais ampla. Assinala a intensidade do fenômeno de comunicação, meio de expressão não-somente verbal, mas também corporal, e dá relevância especial ao transferencial.

Fidel Moccio, com Hercília Martinez Marrodan, em *Psicoterapia grupal*, assinala que jogar as cenas possibilitam, por um lado, protagonizar no "como se dramático" as próprias fantasias e, por outro, dramatizar como processo também elaborativo que se move no limite exato entre a gratificação de fantasias, a frustração e renúncia dadas pelo mesmo nível do "como se".

O jogo é, assim, a capacidade plástica de se transformar em diferentes personagens que tanto nos custa reaprender como adultos.

Lemoine[a] afirma que o jogo do carretel descrito por Freud constitui a matriz de todo o psicodrama; assinala a importância de aceitar as regras do jogo ou cair em um *acting*, e a importância das leis do jogo e sua transgressão.

"O psicodrama consiste em retomar na idade adulta, e não apenas com fins puramente lúdicos (supondo que o jogo infantil não tenha outro fim, o que é falso), o 'jogo de papai e mamãe', e não de Deus, como Moreno insiste em dizer.

"O psicodrama restaura, assim, para o indivíduo absorvido pela família, a função de representação indispensável que é uma função de digestão do real pelo poder criador da imaginação. Trata-se de uma operação em pleno sentido do termo.

"Cada sociedade encontrou sempre seu próprio instrumento. Na atualidade, sem dúvida alguma, o teatro já não responde a essa necessidade. Todas as formas de psicoterapia dramática tentam recuperar essa carência."

Martínez Bouquet insiste nos jogos dramáticos, emprega-os como exercícios dramáticos para o aprendizado dramático (*Una teoria del psicodrama*) (Uma teoria do psicodrama).

O jogo está desenvolvido, especificamente, a partir do ponto de vista dramático sem considerar, salvo alguns desenvolvimentos, sua característica geral de jogo. Por outro lado, esse alinhamento dramático é um modelo muito rico que permite desenvolver criativamente o conceito de jogo.

Na enciclopédia Espasa Calpe há um extenso discorrer sobre jogo. "Desde a Antigüidade se distingue entre jogos lícitos e jogos ilícitos e se proíbe os segundos. O critério para estabelecer a ilicitude é variado, se bem que pode-se afirmar que isso depende, principalmente, de dois fatores: a questão do azar e a quantidade que se põe em jogo." Sobre a aceitação dos jogos de azar, o fato de que o Estado tenha uma retribuição por isto, afirma: "tal doutrina é inadmissível, pois nem o Estado deve permitir o que é mau em si mesmo unindo todas as características de uma ação punível, nem essa regulamentação produziu nem pode produzir os resultados benéficos que dela se pretendem".

Nas definições desse texto não parece estar explícita a função social do jogo, ou melhor, os perigos que o jogo traz para a sociedade, e se descrevem suas "utilidades" como, por exemplo, que serve para os olhos, para a musculatura ou para outra coisa, mas não descreve a função geral do jogo.

Existem vários aspectos do jogo a serem levados em conta: como elemento de *socialização*, especialmente na relação com o outro, e com a lei; o que significa que incorporar as leis do jogo, mesmo dos jogos mais sensíveis, leva ao relacionamento com as leis gerais do funcionamento social.

O jogo tem um caráter de *simbolização*, de coerência e de ressignificação em determinadas histórias, fantasias ou mitos, do ininteligível, do caótico; é um modo de repensar, de re-simbolizar, de ordenar a vida dos seres humanos, especialmente do que aparece como caótico.

O jogo também é um encontro consigo mesmo e com o outro. Encontro com a imagem corporal, com o contato com o corpo; desse modo é também contato com o outro, com os outros corpos, com os outros seres humanos e, por outro lado, com-tato com o outro que está dentro de si próprio.

Dentro do jogo também acontece a *encenação*, a espacialização na cena da fantasia individual, e não só individual mas também social, e a *apropriação* diante da alienação.

O humor é consubstancial ao jogo. A palavra jogo vem de *jocus* (*iocus*), palavra latina que significa humor. De *jocus* deriva também jocoso; na origem há uma relação estreita entre humor e jogo.

Na alienação, o mundo torna-se estranho para o indivíduo; estranhamento em relação à natureza, à sociedade, às relações sociais e ao produto do trabalho. Surge uma pergunta sobre a relação entre jogo e trabalho, entre jogo e alienação; poderia se supor que através do jogo supera-se a alienação, gerando ilhotas de luta diante dela. Há jogos que têm a ver com o cotidiano e outros que precisam de espaços diferenciados. O cotidiano pode estar definido como ato criativo, de jogo, ou como ato de perda ou alienação. Assim, cozinhar, arrumar a casa, o trabalho, o estudo, o amor, podem ser uma ou outra coisa.

No jogo propriamente dito também pode se dar essa diferenciação: jogo criativo ou jogo como ato de perda ou alienação. É o que acontece com um jogador que vai se transformando em joguete, por exemplo, como uma criança que sempre se lamenta, que sempre perde, que joga apenas um papel. O "como se" do jogo refere-se, por um lado, a aceitar a realidade do jogo e, ao mesmo tempo, à consciência do duplo espaço: espaço do jogo e espaço da realidade. O "como" do "como se" relaciona-se a uma convenção, um acordo consciente dos jogadores na aceitação da realidade do jogo. É "como se" fosse a única realidade, embora não o seja. O que acontece quando se perde a diferenciação do "como se"? Sair do "como se" do jogo pode significar simplesmente não participar dele. Pode ser por recusa às normas ou por desinteresse. Outro caso é a atuação (entendida como *acting*). Na atuação enquanto oposta à dramatização, rompe-se o acordo do "como se" e passa-se com certa violência à agressão contra alguns dos participantes.

Outra perda do "como se" pode ser o não diferenciar esse limite, ponte entre realidade e jogo com a perda do sentido da realidade, como ocorre na psicose.

O "como se" é um conceito que se utiliza em psicodrama, que provém das definições gerais do jogo.

COMPROMISSO E INTENSIDADE

O compromisso do jogador deve ter determinada intensidade, fora da qual o jogo é impossível. Quando essa intensidade é baixa, não há interesse no jogo e ele não se organiza. Quando ultrapassa determinado limite, o jogo também é impossível. Numa partida de futebol, se o jogador não quer que lhe tirem a bola, ele não pode participar do jogo e, se quando lhe tiram a bola, ele sente que perdeu uma parte do corpo, então, perde também o "como se" do jogo.

"Quando há um interesse material acima do interesse do jogo em si, este perde seu caráter." Isso também é discutível. Os jogadores profissionais realizam um jogo, ou este é um trabalho?

Um trabalho criativo tem características de jogo ou é também um trabalho? Não se pode definir absolutamente se é ou não, na medida em que há ação criativa e ação de liberdade e de não-alienação na mesma prática. Quando não existem esses elementos, perde-se a característica do jogo.

Passado esse espaço de tempo, o jogo decai. Pode-se manter a intensidade durante determinado lapso de tempo, depois essa unidade se rompe. O mesmo acontece com o espaço; há espaços que são adequados para realizar determinado tipo de jogo e outros onde é impossível realizá-lo.

A liberdade do jogo tem regras implícitas. Não há jogo sem regras precisas.

Parte do prazer do jogo reside na possibilidade de transgredi-las ou não. Quando elas são transgredidas, rompe-se a unidade do jogo. As implícitas e as explícitas. As regras implícitas estão relacionadas com a cultura grupal. As leis e a cultura do grupo, a história, os códigos, os acordos conscientes ou inconscientes do grupo vão definindo a orientação e direção do jogo.

Quanto mais amplas são as regras para tornar o jogo possível, menos transgressões existirão no seu desenvolvimento. Os jogadores encontram, nesse âmbito, um lugar propício para expressar os aspectos mais reprimidos de sua personalidade sem necessidade de jogá-lo no *setting* do jogo. Pode-se simbolizar e mudar de lugares sem necessidade de fazê-lo no *setting*. Pelo contrário, há uma preservação desse *setting*.

O mistério de se fantasiar relaciona-se com o jogo representativo, que permite ao jogador diferenciar o mundo real da realidade do jogo.

No mundo da realidade está o da própria imagem corporal. Passando ao mundo do jogo, passa-se a jogar com outras imagens.

Contido no ato de se fantasiar está, também, o tema da máscara. Poderíamos pensar na máscara como algo que facilite o jogo. Como um poder passar para uma outra realidade.

Ao se colocar uma máscara, produz-se um desmascaramento de outros aspectos do sujeito que lhe permitem poder jogar com uma e outra máscara. A máscara conecta-se, também, com o tema de outras histórias e outros mitos. Aqui se estabelece a relação entre máscara e mito.

MITO, RITO E JOGO

No mito, a identificação com a personagem é maior do que no jogo. A superposição persona-personagem tem maior intensidade, até chegar ao transe, onde a intensidade parece ser uma só.

No jogo são mantidos os lugares diferenciados de persona-personagem. No rito, a consubstanciação entre um e outro relaciona-se com cenas e personagens primárias. Relaciona-se com a onipotência do pensamento que, no caso do jogo, fica reduzido somente a uma parte do eu. Há partes do eu que, para poder jogar, têm que se conectar com a onipotência do pensamento, pelo qual, se alguém afirma que um objeto é outra coisa, ele é outra coisa. Se no jogo digo que sou um rei e não acredito, não posso participar desse jogo. Mas para que seja jogo, tenho de acreditar que isso é verdade, que é "como se". É verdade e, ao mesmo tempo, não é.

Isso define a característica essencial do jogo, que se relaciona com a definição que Winnicott dá sobre o caráter paradoxal do objeto transicional. É uma coisa e é outra ao mesmo tempo, é objeto externo e interno, é objeto da realidade que não tem nada a ver comigo, e é objeto interno que vou transformando segundo meu mundo interno (onipotência do pensamento).

"O jogo é o reino do aqui e agora."

O jogo remete também a outra realidade. O jogo do carretel, descrito por Freud, também apresenta uma ausência. Aparece o aqui e agora. No mito há sempre um tempo primordial. É o tempo das origens. Por meio do rito, que seria a encenação de um mito, essas duas realidades se fazem presentes. O jogo, especialmente o representativo, tem um aspecto de mito, pelo caráter representacional que o jogo tem em si, e que apresenta uma ausência.

Graciela Scheines refere-se à maior carga fantasmática do objeto no mito. No objeto de jogo, essa carga fantasmática também é muito intensa, mas o objeto tem maior mobilidade. Pode-se mudar o objeto. Pode-se mudar a história, pode-se recriar outra. No mito há uma fixidez atemporal.

Assim, uma vara, no jogo, pode ser uma espada, uma flauta, um canudo, um binóculo ou simplesmente uma vara.

Um objeto dentro de um ritual continua conservando o seu próprio valor, não se transforma.

A máscara tem uma caracterísitca muito especial em relação a isso, pois ela possui traços determinados que se relacionam com seus traços antropomórficos em geral, por meio dos quais, ao mesmo tempo em que a máscara pode ter valor diferente de uma situação para outra e de uma pessoa para outra, ela vai, também, se carregando simbolicamente com determinadas histórias, e estas seguem repercutindo e têm certa duração. Assim ela se relaciona com objetos rituais.

No mito e no jogo há, com respeito à realidade, uma relativa independência e, por outro lado, uma relativa dependência. Há uma influência do mito na história e da história no mito.

Há uma antropomorfização do campo do jogo ou figuração, segundo Johan Huizinga, da realidade natural e social como modo de estabelecer determinada ordem dentro do caos ou da indeterminação das leis da natureza e da sociedade.

No jogo produzem-se, por meio dessa figuração, momentos de transformações da alienação como estranhamento em possessão do mundo jogado com determinadas leis.

O monstruoso e o sinistro que aparecem no jogo são um modo de posicionar-se, de apoderar-se, de transformá-lo, como dizia Pichón Rivière.

Graciela Scheines refere-se à aparência lúdica:

"Quem joga se conduz com a pura aparência das coisas."

"A realidade está simplesmente nua e transbordante, pura presença enrolada, enredada, mostrando sua trama de infinitos desenhos."

"A atitude lúdica é a única que permite ao homem ver a realidade em sua nudez primordial, mostrando-se sem pudor e virginal, revelando seus segredos em sua transbordante aparência.

"Para o homem que joga, a aparência perde seu sabor pejorativo e se converte no real, mais genuinamente em real."

Isso se relaciona com a interpretação lúdica e com a atitude freudiana, moreniana, winnicotiana quanto à interpretação. A interpretação não significa uma ruptura em relação ao material (a aparência que vai se desenvolvendo na sessão), mas ela permite o jogo com os diferentes significantes, onde a interpretação pode ser um significante a mais dentro dos jogos que vão se produzindo, dentro dos significantes com os quais se vai jogando no desenrolar da sessão.

Pode-se jogar não somente com o corpo, com os objetos, mas também com as palavras. A poesia é o jogo por excelência com a linguagem, na medida em que vai questionando o jogo sobre suas próprias leis.

O jogo como poética do grupal[1]

Embora minha prática com o jogo se estenda a *settings* expressivos artísticos formativos, neste trabalho irei me referir especialmente ao jogo no campo da psicoterapia grupal. Mencionarei a relação com a criação e com a repetição.

No jogo incluo a prática com máscaras, o psicodramático, o trabalho corporal e expressivo em geral.

Por que jogo, repetição e criação estão juntos? Deve-se supor uma oposição ou uma complementaridade? Na psicanálise, o repetitivo se opõe à elaboração?

Em torno do tema do jogo constroem-se suposições tais como:

— O jogo é o reino da liberdade.

— Tudo é jogo.

— O jogo é terapêutico em si.

No processo da cura é importante permitir o jogo pendular entre o estruturante e o desestruturante.

Em nível grupal há uma potencialização de jogos que tendem ao primário e que podem levar à destruição grupal. A partir da teoria da informação, ele é entendido como um predomínio da entropia.

Em um trabalho anterior me referi aos aspectos de estruturação e desestruturação em nível grupal no plano da cena, do corporal e das máscaras. Punha em jogo, como recurso teórico, a estrutura carnavalesca como uma estrutura psicossocial na qual aparece uma lógica binária, com um discurso polívoco, onde existe predominância de uma lógica poética.

Do ponto de vista primário, o grupo é um magma, uma massa "facilitadora", mais do que as condutas egóicas, daquelas mais arcaicas, desorganizadas, repetitivas.

Poderíamos estabelecer a hipótese de que o coordenador grupal se vê solicitado por jogos grupais promotores da desestruturação ou da estruturação grupal.

Conforme a avaliação do momento grupal, seu esquema referencial, seu *setting* de trabalho, fatores transferenciais e contratransferenciais, o coordenador "dialogará" com o grupo promovendo um ou outro tipo de jogo por meio de diferentes modos de intervenção. O coordenador grupal deve deixar claro que suas intervenções propiciarão um ou outros dos fenômenos e que isso não é absoluto, na medida em que para alguns isso pode ser estruturação e, para outros, pode ser o oposto.

Vários autores se deram conta do primário no nível do grupal. Bleger assinala o problema da simbiose e do sincretismo, entendendo por tal "aqueles extratos da personalidade que permanecem em um estado de não-discriminação e que existem em toda constituição, organização e funcionamento de grupo, sobre a base de uma comunicação pré-verbal, subclínica". Definiu dois níveis de sociabilidade nos grupos. Um é a sociabilidade por interação e, o outro, por sincretismo.

"Estamos assinalando o medo do grupo de uma regressão a níveis de sociabilidade sincrética que não está constituída por uma inter-relação ou interação e, sim, que exige uma dissolução de individualidades e a recuperação dos níveis da sociabilidade incontinente." É nessa parte que se deve aprofundar para "um trabalho terapêutico profundo".

Subtraio a regressão, a não-discriminação, o medo, o pré-verbal, a dissolução de individualidades.

O trabalho terapêutico tem a ver com as pontes entre essas duas zonas clivadas. Por um lado, a da linguagem, do nível interacional, egóica, e, por outro, a sincrética, de extratos de não-discriminação, de estruturação semiótica. Esses dois campos têm leis de funcionamento diferenciadas. Esses dois níveis de sociabilidade relacionam-se com o que defini em outros trabalhos como o estruturado e o desestruturado. A estrutura carnavalesca pode servir de ponte entre essas duas zonas. A metáfora da ponte é de grande significado para a compreensão da passagem de um campo para o outro. Poder-se-ia pensar nela como uma estratégia na travessia do campo transicional definido por Winnicott.

A criação é gerar "novos" caminhos para se transitar entre as duas zonas. O novo pode ser somente para quem o constrói, e também para os outros.

A máscara é uma intermediadora por excelência, devido ao duplo aspecto corporal simbólico, pela carga histórico-cultural, por seu efeito desmascarador, desestruturador, desvelador.

Todo jogo que tem o efeito de curso semiótico-simbólico é um jogo desmascarante.

Na literatura psicanalítica existem alguns registros imprescindíveis sobre o jogo. Um é o *Fort-Da*, o jogo do carretel descrito por Freud em

Além do princípio do prazer, onde a criança (o neto de Freud), na ausência de sua mãe, puxa o carretel gritando *Fort* (fora) *Da* (aqui). Waelhens aponta a produção de uma dupla metáfora. Na primeira, a criança aponta a aparição e o desaparecimento do corpo da mãe pela aparição e o desaparecimento do carretel. A segunda metáfora se constitui em torno da presença e da ausência do objeto por meio das palavras. Há uma dupla renúncia ao imediatismo da relação com o objeto primordial, a mãe. Por um lado, o carretel em seu ir e vir. Em segundo lugar, a palavra no advento da linguagem.

Existe um domínio sobre o real. Freud assinala que o jogo da criança, ao repetir a vivência desagradável com sua atividade, "consegue um domínio". Transforma o passivo em ativo. Apossa-se da situação.

Assinala que na dupla fase do carretel, muitas vezes ela repete a fase desagradável, encontrando certo prazer nessa compulsão à repetição. A compulsão à repetição parece ser privativa do processo primário e parece ser mais primária, mais antiga do que o princípio do prazer.

"A interpretação do jogo resultou, então, óbvia. Entremeava-se com a grande realização cultural da criança: sua renúncia pulsional (renúncia à satisfação pulsional) de admitir sem protestos a partida da mãe. Ressarcia-se, digamos, encenando por si mesma, com os objetos ao seu alcance, esse desaparecer e regressar."

Vemos que no jogo destacam-se a repetição, o domínio, a relação com os objetos, a encenação, o desaparecer, o regressar, o cultural. Esses são pontos-chave nas conceituações sobre a problemática do jogo.

Nesse texto de Freud, a repetição recebe novo significado que a "liga" à segunda teoria das pulsões, onde se refere à pulsão da vida e da morte.

A ESCUTA

O grupo, a situação terapêutica, pode ser entendido como uma situação de jogo onde se repetem os jogos do cotidiano e da história do indivíduo.

A situação terapêutica é um artifício de jogo, um jogo retificador.

Esquematicamente, poder-se-ia pensar em jogos repetitivos, estereotipados, confirmativos de um destino "demoníaco" e, por outro lado, jogos transformadores, elaborativos. Há uma passagem de um para outro.

Qual é o jogo do paciente e qual é o do terapeuta? Antes de mais nada, é acompanhar. Por outro lado, deve poder não jogar, fazendo o jogo que o paciente, o grupo, a família, a instituição impõem. A escuta consiste em proporcionar um espaço de jogo ao que está fora da razão e do ideal pessoal, familiar e cultural. A escuta não é somente do verbal. Nesse sentido, o terapeuta deve poder jogar com seu sentido, com suas teorias e com sua interpretação.

O jogo é diálogo. O terapeuta, a partir de uma visão do jogo, deve poder dialogar baseado na escuta do interdito, da borda, do que está entre o objeto interno e externo, sem tratar de reduzir um ao outro, permitindo que estes possam existir de forma simultânea e diferenciada.

Por isso, Winnicott dizia que a definição do espaço transicional entre o mundo interno e o mundo externo era um paradoxo que não deveria ser resolvido. É que, se ele for resolvido, o diálogo se congela em uma ideologia. Em uma *doxa*, em um saber. Por isso a interrompe (ao lado) da *doxa*.

O jogo que é sempre feito entre os espaços é desvelador, desmascarante da verdade única, do falso *self*, da identidade congelada. Nesse sentido, a inocência do jogo tem a contundência do desvelamento, da produção da verdade, que não é adequação entre o sujeito e o objeto, e sim relação e desejo.

Escutar não apenas o verbal é abrir-se a outra comunicação, refiro-me à comunicação inconsciente. Escutar no grupo não apenas a palavra dita, mas a do silêncio. Não só a da verbalização, mas também a corporal, musical, gráfica. Escutar não só o que é audível.

Diante da perda do jogo, que freqüentemente se dá na situação terapêutica, criam-se artifícios, recursos que possibilitam esse acompanhar, essa abertura a outras significações do mito único ou preponderante, abertura em relação ao medo, à dor, à repetição etc. Do ponto de vista da psicopatologia pode-se interpretar o jogo, mas também pode ocorrer o inverso. Trata-se de poder jogar, na sessão, outras versões do que aparece como o drama único, o ritual em que estão envolvidos um indivíduo e um grupo.

POLIFONIA, TRABALHO EM LUGARES SIMULTÂNEOS E ESTRUTURA CARNAVALESCA

O trabalho em lugares simultâneos baseado na estrutura carnavalesca se questiona na situação dramática sobre o lugar do protagonista. Acentuando a simultaneidade de lugares, remete à polifonia dramática encarnada nos outros. Estes articulam a unidade complexa do uno, não-único, não-todo, e do grupo entendido a partir de uma topologia diferente que a do círculo perfeito à imagem de Deus a partir de uma multiplicidade de faces em que sua geometria deixou de colocar no centro, onde se apóia o compasso, o protagonista, o coordenador, a essência.

A cena pode ser sintetizante como momento, e a interpretação, ao mesmo tempo em que é comunicação inconsciente, deve abrir-se para outras cenas do espaço dramático, sob pena de converter o terapeuta em dramaturgo, demiurgo, sujeito que supostamente sabe.

Permitir outra versão a partir da possibilidade que "o ator" pode exercer, amplia e revisa uma poética. Diferentes versões quanto a conteúdo e a modos de expressão. Aqui podemos colocar o psicodramático, as máscaras, o corporal, o plástico, o literário, o musical etc. Possivelmente, um coordenador só deve fazer aquilo que ele se considera em condições de coordenar.

TODA SITUAÇÃO DE JOGO
TEM O DUPLO ASPECTO DE LEI E LIBERDADE

O jogo é o reino da liberdade dentro de regras muito precisas.

Para que o jogo se desenvolva, devem-se levar em conta as leis do jogo, determinado compromisso, uma intensidade, uma unidade de tempo e de espaço.

A cena psicodramática pode desempenhar uma função matricial reordenadora do caos fantasmático ou, ao contrário, promover graus maiores de desestruturação.

Há regulagens homeostáticas entre o estruturante e o desestruturante, exercidas pelo paciente e/ou pela equipe terapêutica.

O jogo é repetição do que não se pode dizer, do indizível. Sua reiteração estabelece marcas, rastros, de um percurso que se faz legível em algo além, em um salto, em um campo figurado.

Criação a partir do nada que especula um ser que é repetição.

O grupo e seus integrantes dão corpo aos fantasmas inconscientes que não podem se subdividir a partir de um grupo interno. Fantasmas que pareceriam adquirir nome em uma máscara que se desfaz na passagem para outra. Grupo como lugar de repetição, de enigma, de cruzamento de caminhos entre a reiteração e a elaboração, na comarca da palavra poética delimitada pelo mundo e pela terra.

Palavra poética como criação atópica do indizível. Palavra evanescente que joga entre o dizer e o silêncio.

NOTAS

1. Trabalho apresentado no "II Congresso Argentino de Psicologia e Psicoterapia de Grupo"; "I Congresso de Psicanálise da Configurações Vinculares", Buenos Aires, junho 1991, Centro Cultural General San Martin, organizado pela Associação Argentina de Psicologia e Psicoterapia de Grupo.
2. Parafraseando Otto Fenichel.

Boneca

Na noite em que velavam Evita,* a fila de bonecas na rua Três Arroios estendia-se por quadras e quadras.

Boneca, a número 53, tinha a cabeça descosturada, pendurada em seu corpo por um lado das costas. Movia-se ao ritmo da música que tocava o Beethoven do bairro, aquele que, em vez de jogar bola, preferia ir às aulas da professora de piano que morava no meio da quadra.

Desse modo, a música era ouvida simetricamente tanto de um lado como do outro da quadra.

Boneca movia seu corpo de modo voluptuoso e distraído. Olhava, ouvia e percebia de mil maneiras, com sua cabeça pendente, a música e o murmurar dos senhores e das senhoras da fila, das casas, o que se dizia e o que não se dizia, mas que ouvia igualmente.

Aquela noite, fez a fila como todos os que fizeram fila. A cabeça pendendo e o enchimento daquele algodão negro saindo como a ponto de se perder.

Já a música que ressoava nas paredes da rua era Petruchka. Um senhor com binóculos, que tampouco poderia faltar, olhava de uma janela para onde ela estava. Sentindo-se olhada, a música lhe fazia carne, embora não fosse de carne. Os movimentos com seu entusiasmo a levavam por toda a quadra. Toda a fila começou a se mover. Ser olhada por alguém e, ao mesmo tempo, ouvir Petruchka, o hino das bonecas, gera uma impossibilidade de ficar quieta. A rua era um cenário no qual todas giravam continuamente.

Boneca não temia que a cabeça, que pendia de um lado, caísse. Apenas temia ser pisada pela multidão. Boneca sem cabeça era líder e todos a seguiam e lhe abriam espaço.

---

* Refere-se a Eva Peron. (N. T.)

Com o passar das horas, quando chegou Luisa, esta, nem lenta nem preguiçosa, lhe costurou a cabeça. Boneca, que era também o nome da continuação da rua Três Arroios, se pôs ereta, e seu corpo já tinha uma cabeça bem-posta e não podia dar-se ao luxo de perder tempo, sensibilidade, movimento e outras coisas.

Com cabeça de determinada idade, deve-se ir à escola.

Foi assim que Isaías juntou-a com mais outras onze para completar uma dúzia, envolveu-as com papel kraft, atou-as com um barbante e enviou-as para outro lugar para serem expostas em alguma loja de brinquedos.

Primeira pergunta: Por que na primeira parte ela está sem cabeça?

Segunda pergunta: Como foi que apareceu Petruchka?

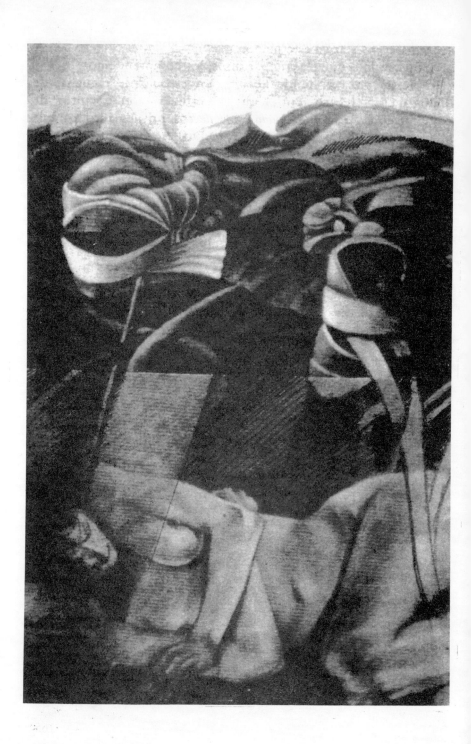

VI
Formação e
Identidade

Formação
e identidade[1]

Encaramos a formação em psicodrama, grupos, terapia corporal e máscaras unida à investigação sobre a identidade profissional. Esta somente poderá ser realizada se se entrar em contato com aspectos-chave do sujeito: cenas, personagens, fantasias, mitos, textos, o corporal, a poética, as máscaras. O contato com esses aspectos leva, por si próprio, a uma revisão das identificações, da identidade, e à possibilidade de refazê-los de um e de outro modo a fim de poder jogar (atividade profissional) com o modo dos outros.

Nos *Grupos de formação* faz-se um jogo dramático-corporal com máscaras e, por sua vez, investiga-se a identidade profissional, a aplicação dessas técnicas e observações, e reflete-se sobre a mesma.

Há uma constante e enriquecedora ida e volta, entre formação e identidade, entre quem consulta e o que é consultado. As perguntas são muitas. Quais são os caminhos para se formar? Quais são os passos? Quando alguém pode se considerar formado no psicodramático, na coordenação de um grupo, na coordenação em geral? Qual é a relação entre um possível programa e a improvisação total?

Entre essas duas posturas-limite são, sem dúvida, diferentes a valorização e o papel do emergente grupal. Existem técnicas psicodramáticas clássicas ou básicas? Técnicas que é preciso conhecer e estar em condições de empregar? Técnicas básicas incluem situações básicas, que mais cedo ou mais tarde qualquer coordenador de grupo terá de enfrentar. O grupo de formação e o grupo terapêutico são diferentes?

O que acontece quando o terapeuta em formação coordena seu próprio grupo? Quem é coordenado pode coordenar?

Essas perguntas correspondem, por um lado, à busca de conhecimento e, por outro, são portadoras das demandas que surgem de um fluxo transferencial que é despertado na intensidade do trabalho formativo.

Vários autores se ocuparam desse tema, com posicionamentos que dependem de diferentes modalidades pessoais, desenvolvimentos teóricos e adscrições (transações) institucionais. Centramos o trabalho sobre a identidade profissional em torno de três pontos: cenas de coordenação, corpo do coordenador e máscaras da profissão; e, por outro lado, também o jogo, o corpo, o expressivo, as diferenças entre grupo terapêutico e grupo de formação e a conceituação. Devem-se criar condições para que a conceituação se dê mediante certo distanciamento.

SEMINÁRIOS DE FORMAÇÃO EM CORPO E PSICODRAMA

De modo diferente, o jogo, a dramatização, a máscara, o corpo criam matrizes imaginárias nas quais o existente no inconsciente pode se manifestar.

São seminários a respeito da sobredeterminação inconsciente dessas matrizes.

É uma investigação referente às correlações entre as próprias máscaras, cenas, personagens, gestos e posturas, e como estes vão se entrelaçando e se repetindo. Estamos nos referindo à identidade profissional. Reconhecendo o que nunca terminamos de conhecer, o que está sempre nos interrogando, a formação se dá em diferentes níveis:

a) percorrendo um modelo aceitando-o, questionando-o, reelaborando-o;

b) a partir de uma análise entendida como "Via del Levare", como eliminação de obstáculos sobre criação, jogo, colocação do inconsciente no lugar das cenas, da matriz imaginária;

c) com a objetivação dos recursos técnicos;

d) com a fundamentação conceitual;

Nem sempre estão juntos a vertiginosidade do compromisso e a reflexão a respeito dos fatores colocados em jogo.

Em uma primeira parte, a ênfase está colocada na construção do grupo: na relação entre o jogo e as personagens, as máscaras, as cenas etc. Em uma segunda, é acentuada a investigação sobre o corpo em relação à cena, às diferentes abordagens corporais e aos estereótipos da dramatização. Seria uma volta de parafuso quanto à não-liberdade no jogo, a correlação com o corpo e suas máscaras entendidas, aqui, como personagens estereotipadas.

Em outros momentos:

a) elabora-se, sem a pretensão de síntese, um mapa que é fantasmático em relação ao próprio corpo: o mapa fantasmático corporal;

b) investigam-se as cenas conflitivas pessoais;

c) as máscaras do coordenador e a coordenação do próprio grupo.

170

Alguns autores centram a formação nas cenas conflitivas pessoais, em uma suposta cena traumática que estaria gerando o conflito. Sem descartar o valor de determinadas cenas traumáticas, cremos que o conflitivo aparece no decurso da dramatização e do jogo, do aqui e agora da classe. Na situação terapêutica acentua-se, na relação transferencial, a sobredeterminação pessoal. Explora-se mais a regressão transferencial. Há uma referência maior entre constelação dramática, lugar do jogo e da história, e fantasmática pessoal. Seria a relação com a queixa, a impotência, o ponto cego, o falso *self*.

O objetivo dos seminários de formação é construir (independentemente do trabalho com máscaras) uma máscara do profissional (psicodramatista, coordenador de grupo, docente, terapeuta, coordenador de atividade expressiva, corporal) a partir da própria identidade e de sua desconstrução. Mas, para que não seja deformação, a formação, ao mesmo tempo em que ajuda a construir, deve ajudar a desconstruir.

Existe um mal-entendido em relação à referência pessoal daqueles que vão passando pelos grupos de formação. Mal-entendido, mal-estar sem solução que tem a ver com um encavalamento nos grupos, entre a formação e o terapêutico. O pessoal colocado nesse grupo não irá me confundir mais para entender o que se faz aqui com o que se passa com meus pacientes, com quem estou coordenando? Ou é uma passagem imprescindível para a elaboração do "tema" da transferência e da contratransferência, do jogo do desejo entre paciente e terapeuta, coordenador-coordenado?

Mas o grupo de formação não é terapia? Em parte é, na medida em que exista a possibilidade de jogar com diferentes personagens e sua reinscrição. Mas seu enfoque é diferente do enfoque terapêutico.

Há um entrecruzamento entre o caráter de formação e o de investigação.

Formação leva a um conhecimento elaborado, estruturação crescente, definição de técnicas.

Investigação leva a momentos de desconhecimento, de confusão; momentos de conclusão, de busca como metodologia na formação. Produz-se um entrecruzamento entre formar-se e aprender, entre saber e conhecer, entre aprendizagem de técnicas e mobilização pessoal.

OS PASSOS

A formação, como a análise, tem algo terminável e algo interminável. Está constantemente se reformulando. Podemos dizer que, esquematicamente, os momentos, os passos pelos quais o grupo transita, e as pessoas no grupo de formação são:

A. Constituição de um grupo.
B. Experimentação do jogo:
   Psicodramático.
   Corporal.
   De máscaras.
   Expressivo em geral.
C. Implicação de áreas:
   Pessoal.
   Profissional.
D. Passagem através de técnicas básicas e sua objetivação.
E. Experimentar a coordenação.
F. Espaços de conceituação.

Junto com a necessidade de definir os passos e a clareza do roteiro, também são importantes os momentos de confusão, de caos, e a continência desses momentos, por parte do grupo. A matriz na qual ensinamos é grupal. Daí a importância da constituição do grupo. Este vai se constituindo no transcurso de diferentes avatares. Predomínio de ansiedades paranóicas, confusionais, depressivas, idealização e negação do grupo e do coordenador. Momentos de integração e desintegração. Subgrupos, lideranças paralelas etc. Grupo como lugar encarnado do outro, constituinte do indivíduo. À medida que se vai constituindo e transformando, em lugar de continência, vai se aprendendo sobre o grupo.

CENAS DE COORDENAÇÃO

As cenas de coordenação, em conjunto com as máscaras e com o corpo da profissão, são três pilares na investigação da identidade profissional.

Mirta comenta que a proposta de coordenar uma equipe de crianças lhe gera muitos conflitos. Ao dramatizar essa problemática vão surgindo as seguintes cenas que se dramatizam a partir de comentários e sugestões dos integrantes do grupo e do coordenador.

• Uma reunião da equipe.
• Uma reunião da equipe que Laura coordena (coordenadora que a precede no cargo).
• Uma reunião da equipe com Mirta como coordenadora; a rejeição da equipe.
• Despedida de Mirta-Laura.

Chega-se a um momento em que a cena tem um alto conteúdo emocional.

Nas associações posteriores, além de aparecerem situações de agressividade na coordenação do grupo, comenta-se a despedida da figura maternal (Laura) que aparece associada à relação com a mãe de Mirta e com os conflitos que ela tem na função de mãe. Estes últimos surgem a partir da afirmação de Mirta de não poder criar raízes. As associações grupais levam ao tema da continência e à função de mãe.

Essas cenas surgem a partir de um conflito em torno do coordenar. As cenas dramatizadas passam por situações de agressividade e pela dificuldade de elaborar um conflito de separação com a mãe e assumir seu próprio lugar materno-paterno.

Vemos que as cenas de coordenação estão intimamente entrelaçadas com conflitos pessoais já analisados por essa pessoa, mas voltaram a ser analisados na situação concreta de coordenação. A possibilidade de que Mirta assuma não somente esse aspecto de coordenação, mas também o papel de coordenadora, em geral tem a ver com a elaboração dessas cenas.

Há uma correlação entre os conflitos na definição de uma responsabilidade na tarefa profissional, como lugar da mãe e seu conflito de poder jogá-lo. Aqui a investigação das cenas da coordenação permitiu uma reorganização de cenas e fantasias que estavam ou que surgiram no trabalho psicodramático e nos comentários prévios e posteriores.

OUTRO MOMENTO EM OUTRO GRUPO DE FORMAÇÃO

Quando as cenas de coordenação são investigadas, nos grupos de formação, é muito freqüente que se encenem novamente situações de aprendizagem da escola primária e secundária. Em tais cenas — muitas delas carregadas de autoritarismo — projetam-se fantasias sobre o papel profissional, antecedentes históricos, constelações fantasmáticas e peso do sociocultural.

Em uma "classe" vão se sucedendo "professores" impotentes diante de um grupo impossível, tanto uns como os outros representados por integrantes do grupo de formação.

Juana decide enfrentá-lo como uma professora de literatura: "jogando-se inteira" para conquistar o grupo. O tema que escolhe é Quixote. Após várias tentativas, sem êxito, para que o grupo a ouça, ela propõe dramatizar uma cena da aula. Quem quer ser o Quixote? Antônio se oferece, mas diz que quer ser Sancho. As risadas mostram o ridículo do Quixote na taverna diante das moças e dos paroquianos. Juana, sem ter proposto, é o Quixote tentando empreitadas impossíveis.

Marta pergunta: "O Quixote era louco?". Fica sem resposta.

Durante e depois da dramatização, Juana se sente derrotada e magoada. Tem um projeto importante, que é voltar para sua aldeia natal e montar uma oficina de artes plásticas. O fracasso nesta cena a faz pensar que irá fracassar também em sua tentativa com a oficina. Conta que, fantasiada de homem nos carnavais de sua aldeia, aproximava-se descaradamente dos homens, e que estes gostavam. Sem fantasia, a timidez a paralisava. Por que Juana escolhe uma cena destinada ao fracasso do coordenador para determinar sua "sorte" em relação a seu futuro como coordenadora? Possivelmente, para encenar sua fantasia como coordenadora, com a qual se convence da maldade do grupo e de sua impossibilidade. Precisará se conectar com outro grupo (de companheiros, de sua aldeia, grupo familiar, grupo interno), com outras "fantasias", precisará se fazer ouvir, e que seja aceita sua identidade, identidade sexual, resolução edipiana, no processo de colocar-se como coordenadora.

Em outra cena, Marta representa uma aluna de escola primária, e Graciela, a professora. Marta faz exigências de amor. Tem medo de fazer aniversário; quer que a professora lhe cante uma canção de ninar, que a queira como mãe.

Graciela não aceita. Diz: "E se nos virem?". "Mas quem poderá nos ver se estamos no topo de uma montanha e não há ninguém?" Graciela, em um solilóquio, diz: "E se eu me colocar como mãe, e depois?". "A aluna" sentiu que a professora não era a mãe que ela precisava.

Nesse comentário aparece a demanda, impossível de satisfazer, com a qual o coordenador sempre se defronta, demanda que o enfrenta, por sua vez, com suas próprias demandas. Neste caso, a personagem da professora conduz regressivamente a seus pais (figuras superegóicas: "estejamos onde estivermos, somos vistos") diante da demanda oceânica.

No lugar da professora aparece a ilusão de ser mãe e as perdas diante do afastamento do aluno: "e depois". Aqui está a demanda do coordenador. "Aprendem, usam-nos e depois se vão. Não ficam ligados nem se tornam dependentes por toda a vida."

As cenas da profissão são significativas, relacionadas com a prática profissional de modo direto; exemplo: cena terapeuta-paciente, coordenador de grupo-coordenado. Ou cenas que indiretamente estão relacionadas à sua prática. São lugares de espacialização, de produção da fantasmática que se movimentam no exercício da tarefa profissional. São cenas que devem ser elaboradas para que o título não encerre o profissional.

A menina que não quer fazer aniversário está expressando a ansiedade pelo crescimento. A perda da ingenuidade por causa do conhecimento. Pede à professora que lhe cante uma canção de ninar, quer dormir e não ver. Estar nos braços da professora-mãe.

Conflito insolúvel, fundamental, de relação docente-aluno: se não cantar a canção de ninar, enquadra sua tarefa. Diz a ela que não é mãe, impõe um enquadramento, a lei. Se cantar, perde a lei, o lugar da função do pai e cai na armadilha da simbiose mãe-professora-aluna.

A primeira opção permite o reconhecimento e a diferenciação dos dois lugares.

174

Mas o jogo entre as opções é constante. Se o coordenador não o joga, se é apenas o lugar da lei, não permite, não dá possibilidade para a oscilação entre o acompanhamento e a diferenciação, entre a simbiose e a lei, a repetição e a elaboração. O ato de jogar permite a criação do campo imaginário onde se poderá diferenciar, através do simbólico, o real que se apresenta.

CORPO DO COORDENADOR

Em outro grupo de formação, Celeste conta que não pôde fazer a síntese correspondente à reunião anterior porque morreu o marido de uma amiga e ela esteve muito mal. Retoma-se o tema dos que desertaram (ressignificado como os que morreram) e a continuidade do grupo em relação ao ano anterior e ao seguinte. Alguns dos comentários iniciais foram:

Mariela: "Se continuo com essa modalidade de trabalho vão me sobrar cinco anos de vida útil".

Celeste: "Meu instrumento são as pernas e eu vivo correndo".

Estela: "Quando eu coordenava assistentes sociais, dizia-lhes que não podiam colocar distâncias" (diz muito distante).

Elsa: "Eu trabalhei um ano e meio e passei um ano e meio na Europa; depois trabalhei um mês e tirei um mês de férias".

Faz-se um trabalho corporal de conexão com partes rígidas e partes elásticas do próprio corpo e com a possibilidade de dar elasticidade às partes rígidas. Ao terminar, vários dizem ter dor na nuca. Proponho-lhes que se conectem com uma postura que represente o corporal de sua tarefa profissional e, em seguida, solilóquios.

Mariela, segurando a cabeça com a mão direita, e com a mão esquerda no coração: "Me aperto, me apertam, me pesa, sinto-o, me dói, chego a gostar, me atravessa".

Celeste, com as pernas e as mãos abertas como se estivesse recebendo ilimitadamente: "Como tudo foi rapidinho, me cansou. Desde cedo estou assim".

Elsa, como que embalando um bebê: "Bom, o que mais. Se assim está bem".

Estela, sentada e com contrações no rosto e na cintura: "Contraída, colocar muita distância com meu tom de voz. Montada no cavalo".

Marta: "Apaixonante, como eu gosto, que dor, como me chega, poderei?".

Proponho que escolham a postura de uma das companheiras com quem querem trabalhar, e escolhem a de Mariela. Sugiro que todas assumam a postura igual à dela. Que se aproximem dela e que modifiquem sua postura como quiserem; fazem-no duramente, com dificuldades para contatar. Mariela diz que está se sentindo como um boneco, com a cabeça pesada.

Proponho que representem a cabeça. Carregam, então, um almofadão muito pesado. Em seguida, o coração. Colocam-se em roda e cada uma faz um movimento independente, o que dá a aparência de um coração fibrilado e, em seguida, passam para um movimento que se assemelha ao funcionamento normal, aspirante-impelente do coração.

Os comentários posteriores foram:

Estela: "Achei que eu estava distante e que corporalmente nada me acontecia, mas vejo que afeta muito meu trabalho. Como se eu tivesse que ter uma imagem de estar montada em um cavalo porque quando coordeno não vou ficar contando meus conflitos".

Mariela: Comenta que fez um eletrocardiograma porque temia estar mal do coração.

Em Mariela vemos um circuito cabeça-coração-mãos difícil de penetrar. Narcisisticamente em completitude e ao mesmo tempo conflitivo, por isso o menciona.

Elsa: Está na etapa de receber e dar como uma mãe sem conflito, mas que em seguida acaba.

Celeste: Pode receber "toda aberta" mas fica cansada.

Sofia: "Pode receber todas as agressões".

Assim, o trabalho profissional aparece como questão de vida-morte em vários sentidos: integração-desintegração; familiar-individual-grupal; saúde-doença; vida-morte dos pacientes e dos profissionais.

Nas diferentes posturas pode-se ver diferentes atitudes profissionais, que refletem diferentes modalidades, identidades ou momentos de cada coordenador segundo a situação:

• alguém está aberto a todas as agressões;

• alguém se oferece, como a mãe que embala o bebê;

• alguém assume uma atitude distante;

• alguém se fecha em seu próprio corpo ressaltando dois pontos: cabeça e coração, que parecem sintetizar o corpo do grupo nessa classe, e sua fantasmática.

ALGUMAS CONCLUSÕES

A) A tarefa em torno do corpo do profissional é de psicoprofilaxia.

B) Para poder trabalhar com o corpo dos outros é imprescindível fazê-lo com o próprio corpo.

C) No corpo ficam depositadas as necessidades dos pacientes, mas também as dos terapeutas. Necessidades, entre outras, de: reconhecimento, amor, alimentação.

D) As sensações, contrações, movimentos, entendidos como modificações da imagem corporal, são parte do campo psicanalítico.

E) O corpo aparece tomado pelo prazer, pelo sofrimento, pelo gozo.

F) A revisão do corpo é um aspecto-chave da identidade profissional.

G) A cena pode ser entendida também como a espacialização da fantasmática corporal.

A não-investigação do corporal nos trabalhos da saúde mental deixa fora do campo de trabalho aspectos importantes do terapeuta e do paciente, do coordenador-coordenado, não só para quem trabalha com as chamadas técnicas corporais ou psicodramáticas.

O que esses solilóquios estariam revelando? O que é que cada um fala, "com linguagem tão pouco profissional"?

É um corpo que escapa para supostas distâncias, diferenças, e representa o compromisso intenso com o outro; incorporação, introjeção, identificação com o objeto de trabalho; diferentes modalidades que têm a ver com a sexualidade (oral, anal, genital), com o prazer e com o gozo; o contratransferencial aparece com toda a sua carga erótica.

O jogo transferencial não se dá somente com determinados pacientes, mas também com o objeto "identidade profissional" entendido como objeto interno.

A reprodução na transferência... "apresenta-se com uma fidelidade não desejada (e que) tem sempre como conteúdo um fragmento da vida sexual infantil e, portanto, do complexo de Édipo e suas ramificações".

"Na transferência atualiza-se o essencial do conflito infantil."

No grupo, na dramatização, vão surgindo vários níveis transferenciais:
• com o coordenador do grupo;
• transferencial lateral, com os companheiros de grupo;
• com o objeto de trabalho (paciente, alunos etc.);
• com o objeto interno "identidade profissional".

GRUPO DE FORMAÇÃO – GRUPO TERAPÊUTICO

Concordo com Lemoine sobre a existência de um aspecto terapêutico da formação psicodramática na qual, acima da formação técnica, deve-se produzir um salto qualitativo para que alguém passe a coordenar. Lemoine afirma que deve ser feita uma elaboração de Édipo. Pensamos que nenhuma passagem é definitiva, no sentido de que, para Freud, a análise era interminável. Há Édipos em um mesmo sujeito que não parou de aparecer em Tebas e que procuram ser elaborados.

Essa elaboração deve dar-se, também, no grupo de formação psicodramático-corporal, independentemente de o denominarmos terapêutico ou não.

É preciso verificar se o coordenador cria realmente condições para que haja essa passagem. Em um grupo de formação, elaboração significa poder passar para o lugar do coordenador.

GRUPO DE FORMAÇÃO

Voltamos a nos perguntar: em que nos formamos?

Há uma resposta relativamente simples: no corporal, no psicodramático, no grupal, no trabalho com as máscaras. Em uma modalidade onde cada uma dessas aproximações é transformada pela outra.

Mas em que, fundamentalmente, está centrada essa prática formativa?

Na insistência do inconsciente, do desejo, nas configurações repetitivas, nos engajamentos transferenciais.

Não estaremos ensinando psicanálise? Olhares de consternação de vários lados. Uns porque, desprezando a psicanálise, procuram uma técnica mais ativa, corporal, mais simétrica, que leve em conta a pessoa.

Outros, os "psicanalistas", supõem que essa seja uma *talking cure*, uma cura por meio da palavra, onde é importante que a pessoa do psicanalista não seja vista, para que a pulsão escópica não se transforme em identificações que façam essa prática cair no imaginário.

Se convocamos o imaginário, o fazemos deliberadamente. Cremos que assim são criadas condições que facilitam o processo da cura, condições que outras técnicas não podem oferecer.

Deixamos para outra ocasião o desenvolvimento desse ponto polêmico.

MÁSCARAS DA PROFISSÃO EM UM GRUPO TERAPÊUTICO

Em um grupo terapêutico investigam-se os conflitos em torno do trabalho dos integrantes a partir das máscaras da profissão. Vou dando indicações à medida que elas vão se efetivando.

"Que caminhem com uma modalidade que expresse algo que tenha a ver com uma atividade de trabalho. Que adotem uma postura habitual ao exercer sua profissão. Uma postura na qual esteja incluída a tensão. Estátua individual da profissão. Escolha de uma máscara que se relacione com a profissão. Escolha de uma segunda máscara, da personagem. Monólogo dos pais imaginários dos pacientes, no presente e no passado, sobre a profissão de seus filhos e a deles próprios."

Irei me referir somente ao acontecido com quatro pacientes.

178

Ao representar a postura habitual de sua profissão, Liliana se vê solta, descontraída, mas quando representa a estátua, parece estar com uma camisa-de-força.

Dos pais, diz: "É conveniente que você siga uma carreira, mas psicologia é para loucos ou deixa louco. Mas você sempre foi esquisita". As associações falam de uma relação com a loucura, a camisa-de-força aparece como a loucura, como a mãe que a abraça, com seu auto-erotismo e com sua contenção.

Carlos também assume uma postura de tranqüilidade, mas as associações de seus companheiros são: "Os ratos passam em cima dele", "Está cagando", "Está na defensiva". A máscara que escolhe é a de um burro que carrega uma carga. Do pai diz: "Você tem que ser como eu, e para que a família fique contente, tem de ajudar a mim e a meu irmão (ou seja, o tio paterno)". Seus movimentos ritualizados tentam dissimular a agressão, mas esta não passa despercebida para o grupo que a lê em sua atitude corporal. Vive aspectos de sua profissão como uma exigência paterna. Burro pela carga, e não por não saber. Resmunga por não poder se diferenciar do pai, por não poder matá-lo simbolicamente. Em seu trabalho coexistem a criatividade e suas amarras.

Pela posição de Juan, os outros dizem: "Esse burocrata esconde-se atrás do escritório". Escolhe a máscara do Mickey. "O gado no chão, não tenho 'bolas', me foram cortadas". O mandamento paterno é: "Você tem que triunfar".

Juan vê-se numa contradição entre o triunfo dentro da série paterna e a impossibilidade de sair desse mandamento que o conecta, porém, com o fracasso. É a impossibilidade de gerar estruturas imaginárias que rompam com essa polaridade.

"Se move, não faz nada", dizem de Rubén. Com a máscara representa Superman mas, ao mesmo tempo, falta-lhe ar e sente-se asfixiado.

O pai: "Vão me crescer cabelos na palma da mão, se você se tornar alguém".

A mãe: "Quero que você seja comerciante" (sua atividade é comercial).

Nos comentários aparece, por um lado, a queixa pela imposição de ser um comerciante, que é vivido como não ser ninguém. Por outro lado, ao lhe ser apontado o prazer de cumprir o desejo da mãe (de ser falo da mãe), faz cara sorridente de garoto e ri de modo maroto.

Parece que não pode recuperar o que tem sublimado, em sua prática profissional, da relação incestuosa com sua mãe.

A profissão aparece como uma máscara, como uma estrutura transicional, onde se joga o sujeito em sua integridade (não-integridade), como uma identidade.

A identidade é uma armação instável de identidades parciais, de identificações, de fantasias "próprias" e dos "outros".

A análise da profissão é uma análise em geral. Há, sem dúvida, um centramento temático. É um acordo explícito terapeuta-paciente-grupo de se concentrar nesse lugar de conflito. Um acordo impossível de cumprir ou um acordo para não ser cumprido.[2] Em uma paciente, por trás da máscara da profissão, está a máscara da loucura. Essa fantasia relaciona-se a colocar a profissão como uma estrutura imaginária que mascara o real.

"Desmascarar o real" conecta-se com o medo da loucura. "Sou engenheiro, o que eu seria, se não o fosse?

* um edifício que se derruba...
* uma casa desorganizada...
* um caminho que vai ao centro da Terra ou ao céu...
* um projeto produtivo cujo produto final é...
* um cálculo que é uma... pedra."

Entendendo as identificações como laços afetivos primários, pensamos que haveria uma comoção na estrutura narcisista, nas relações objetais, nessa investigação sobre a identificação profissional.

O conflito com a profissão é, em grande parte, o conflito com a morte simbólica do pai, com a elaboração de determinados mandatos, com determinadas máscaras.

NOTAS

1. Trabalho publicado na revista *Temas de Psicologia Social,* nº 10, novembro de 1989.
2. É o destino das terapias breves. Quanto mais se quer tratá-las, menos elas são tratadas; quanto mais são concentradas em um conflito, mais aparecem as outras máscaras, o real, o inconsciente, pois na terapia breve o objetivo limitado deixa de ser tão limitado, embora ela possa ter êxito. Ou seja, pode haver uma mudança importante porque o pretexto levou a uma mobilização na qual essa estruturação, esse mito, sofreu certas modificações.

VII
Máscara, cenário e o teatral

Teatro
de máscaras

A investigação no campo artístico representacional, que realizo no Instituto da Máscara, estende-se ao teatro de máscaras, à mascarada, ao ensino da prática com máscaras para o meio teatral e à investigação da identidade profissional de atores, autores, diretores etc. O teatro de máscaras desenvolve a produção de um ato teatral a partir dos fundamentos de meu trabalho com máscaras. Refiro-me especialmente à função desmascaradora da máscara, à mitopoética e aos conceitos que desenvolvo sobre a poética do desmascaramento. Assim, eis alguns pontos-chave que posso enumerar:

A. O desmascarante.
B. O mitopoético.
C. O jogo entre a construção e a desconstrução da personagem.
D. A ambigüidade.
E. A relação corpo-objetos cenográficos-palavra-máscara.
F. Relação expressão-leis do espetáculo.
G. Simultaneidade de cenas e produção de significação.
H. Recuperação de momentos-chave da história teatral.
I. Relação entre rituais essenciais do teatro e seu questionamento.

No decorrer deste texto irei explicando os itens enumerados acima. O "de" de teatro de máscaras está destacado para ser diferenciado de um teatro "com" máscaras. Estas são um aditivo a mais. O "de" acentua a estreita relação entre o teatro e a máscara. A máscara é um atributo essencial. Tem a ver com os pontos enumerados anteriormente, especialmente com o aspecto desmascarante e mitopoético (produção de mitos e história).

O aspecto desmascarante, mais do que se basear na busca da personagem, tende à sua desestruturação. Essas metodologias não contradizem as cerimônias básicas do teatro?

A busca da cristalização e da definição da personagem, a máscara com a qual o ator deve ficar não são motivos essenciais do teatro? Então, como o aspecto desmascarante joga com o teatral? Faço diferença entre o jogo desmascarante e os ensaios, o momento da atuação. Nos ensaios, muitas escolas trabalham o desmascarante com ou sem máscaras, para poder chegar à personagem, que deve ser constituída por uma ou várias máscaras-personagens com determinado grau de definição. A máscara de Hamlet não é a de Ofélia nem a de Guildenkrantz. Por outro lado, a máscara de Hamlet não é unívoca quanto aos diferentes momentos da obra, como as diferentes formas de ver do autor, diretor, ator e dos diferentes componentes do ato teatral. Aqui estou me referindo à máscara entendida como a caracterização do ator, independentemente de ele usar ou não a máscara.

O desmascarante não é um aspecto a mais, nem se dá simplesmente ao ser incorporado o objeto máscara. Relaciona-se com o possuir a máscara ou permitir que esta possua a obra no plurívoco de sua mensagem.

Semanticamente, a máscara tem determinada carga simbólica definida por: a) sua criação; b) características técnicas e materiais com as quais é feita; c) conforme foi sendo usada, com que histórias foi se carregando?

Esquematicamente, a máscara pode estar em cena por "capricho" do autor-diretor-ator ou, ao contrário, estes podem aceitar os ditames da máscara, ouvir sua mensagem e transformar-se em meros "ecos". Ocorrerá o caos, quanto ao resultado da obra? Em certo sentido, sim, se pensamos a partir de certo classicismo. Não, no sentido de permitr que ela leve o real ao cenário, dando-lhe certo grau de elaboração estética que não o faça calar, que permita que este se dê dentro das leis do espetáculo. É o que acontece em outras ordens de criação artística, como na poesia, nas artes plásticas, na música, no cinema etc. É um tipo de arte que questiona o sentido comum. Diante de um quadro de Picasso, um adolescente dizia: "Que horror, isso poderia ser feito pelo meu irmãozinho". Talvez ele tivesse alguma razão. Trata-se de resgatar a inocência infantil sem ingenuidade. A particularidade do teatro tem a ver com a arte do momento, com sua temporalidade e com sua evanescência.

A máscara pode definir uma personagem e esta pode se estruturar em um discurso unívoco. A máscara do diabo define o diabo e ele tem de atuar como tal. Mas, no decorrer da encenação, poderá representar outras histórias além da do diabo. As outras histórias estão definidas pelas caracterísicas "materiais" da máscara e pelo que sugerem ao ator e ao espectador. Em meu teatro, a máscara apresenta certa ambigüidade; é uma característica essencial, que corresponde à ambigüidade como característica significativa da arte contemporânea.

Há uma correlação entre as leis do espetáculo, a ambigüidade, o expressivo e o jogo. Trata-se de recuperar momentos da história do teatro, como as festas saturnais e o teatro da comédia da arte.

Possivelmente, a crise do teatro contemporâneo tenha a ver, em parte, com o fato de não se levar em conta essas correlações.

Em 1977, apresentamos* no teatro Theatrón, em Buenos Aires, um espetáculo centrado nas possibilidades técnicas das máscaras e baseado no efeito desmascarante produzido por elas.

Trabalhamos com máscaras personagens, maquilagem, máscara neutra, o gestual, o corporal.

Vendo o espetáculo retrospectivamente, lembrei-me dos anos terríveis da ditadura militar vivida pelo país.

Outra apresentação, *Os rostos de minhas máscaras*, no ciclo Teatro Aberto em 1982, embora tivesse a marca da militarização da vida institucional na Argentina, sua temática centrava-se na problemática da alienação social da qual a máscara é um instrumento valioso para sua revelação.

No mesmo ano, 1982, estreamos a coreografia *Máscaras II* no teatro Blanca Podestá de Buenos Aires. Não por referência direta, mas pelo clima que transmitia, expressava o impacto da guerra das Malvinas. Um texto que utilizamos nessa coreografia foi o do poeta espanhol Eladio Cabañero.

Em nossa modalidade, interessa-nos passar por cima dos estereótipos do ator investigando as cenas que estão aprisionadas nessas máscaras. As peças tentam combinar nossa fantasmática, previamente elaborada com criatividade e com nossa modalidade técnica. Nesta última, estão incluídas as máscaras, o corpo, a palavra, diferentes objetos, bonecos etc.

FORMAÇÃO

Na área de formação docente investiga-se a identidade do ator como um modo de acrescentar seu potencial criativo.

A investigação abrange temáticas da identidade profissional tais como: sua confusão-diferenciação quanto às personagens, a identidade como ator e aspectos de sua própria história, a relação com seu corpo, com o diretor, com os textos, com os estereótipos, com as máscaras congeladas do ator que o impedem de desenvolver ao máximo suas capacidades criativas.

Realiza-se a investigação por meio do que chamamos de trípode da identidade do ator: máscara, corpo, cenas do ator. Na prática, em oficinas vivenciais e de reflexão, com técnicas de trabalho com máscaras que incluem sua produção e utilização dos diferentes tipos enumerados anteriormente.

---

* Apresentação em conjunto com Elina Matoso.

"Estampas"

Estampas estreou na Aliança Francesa, "Centro Fortabat", em junho de 1989, e reestreou no Teatro Nacional Cervantes, em Buenos Aires, em maio de 1990. Fui seu autor e diretor. Sua elaboração tem a ver com o processo de criação e são passos desses caminhos que defino com o título deste livro. Sua experimentação foi um momento muito importante na definição da poética do desmascaramento.

DESCRIÇÃO DE ESTAMPAS

Defino *Estampas* como um espetáculo de teatro de máscaras, de teatro corporal, textual com máscaras. Incluem-se diferentes tipos de modalidades: o verbal, o corporal, as máscaras etc.

É a colocação das máscaras em movimento. São objetos que emanam vida de diferentes maneiras. São os gestos do passado que ainda continuam vivendo, no sentimento religioso, na família, na violência, na relação mãe-filha, no deslumbramento por uma mulher que esconde a agressão e a morte.

Fica difícil transportar uma obra para outro meio além do original, onde ela foi plasmada. Alguns dos fragmentos da obra podem refletir seu espírito. Transcrevo alguns deles: "O que são estampas?"; "Dois poemas"; "As trempes".

O QUE SÃO ESTAMPAS?

Uma atriz coloca-se ao lado de um manequim e vai dizendo o texto.

"O que são as estampas? *São as antigas imagens familiares, mesmo as que não conhecemos mas que ainda estão vivas percorrendo nosso sangue e animando gestos desconhecidos. Essas fotos de mulheres ou de homens usando roupas que já não se usam mais.*

"*É a imagem religiosa a quem adoramos, tememos ou nos é indiferente.*

"*Os heróis, que sempre se deve ter.*

"*São as fotos do passado, como não pode ser de outro modo, e inclusive as que ainda não foram tiradas.*

"*São as imagens que nos são impostas sem que percebamos, sem que queiramos, que em sua complexidade, em seu modo de se juntar, configuram, em um duplo jogo, a visão que temos do mundo, e a que a este oferecemos.*

"*São as personagens que assomam ao espelho, ao nosso lado, às vezes timidamente, outras vezes com prepotência, querendo tudo abarcar.*

"*São aquelas que levamos na carteira junto com o dinheiro ou junto com os documentos que podem estar na bolsa ou perto do coração, que talvez por isso continua batendo.*"

À medida que vai dizendo, os outros integrantes com máscaras, deslocando-se de um modo especial, terminam formando um semicírculo diante do público. Ao terminar o texto, começam pequenos movimentos que confluem para o que se parece com uma foto familiar.

DOIS POEMAS

"Do meu amor
entrego meu coração,
meu pulmão, minha mão,
sob o percentual
de seu endividamento
que a obrigue por toda a vida
a devolver, com seu corpo,
os interesses
que a impeçam de pensar.
O que não posso vislumbrar
nem resgatar
sob o temor
do dar e do receber."

"O amor é um manto tépido.
Protege dos monstros da cidade.
Te submerge nu em um mar gelado
de tubarões famintos."

TREMPES

Um texto de Cortázar é recitado por um integrante que brinca com uma máscara.

"Moreliana.

"Penso nos gestos esquecidos, nos múltiplos acenos ou palavras dos avós, pouco a pouco perdidos ou herdados, caídos um após o outro da árvore do tempo. Esta noite encontrei uma vela sobre uma mesa e por brincadeira acendi-a e andei com ela pelo corredor. O ar do movimento ia apagá-la. Então, vi minha mão esquerda levantar-se sozinha, formar uma concha para proteger a chama com um aparo vivo que afastava o ar. Enquanto o fogo se tornava novamente alerta, pensei que esse gesto tivesse sido o de todos nós (pensei nós e pensei bem, ou senti bem) durante milhares de anos, durante a Idade do Fogo, até que foi trocada pela luz elétrica. Imaginei outros gestos, o das mulheres levantando a beirada das saias, e dos homens procurando o punho da espada. Como as palavras perdidas da infância, ouvidas pela última vez dos velhos que iam morrendo. Em minha casa ninguém diz 'a cômoda de cânfora', já ninguém mais fala 'das trempes'. Como as músicas do momento, as valsas dos anos 20, as polcas que enterneciam os avós.

"Penso nesses objetos, essas caixas, esses utensílios que aparecem às vezes em celeiros, cozinhas ou esconderijos, e cujo uso ninguém é capaz de explicar. Vaidade de crer que compreendemos as obras do tempo: ele enterra seus mortos e guarda as chaves. Somente em sonhos, na poesia, no jogo — acender uma vela, andar com ela pelo corredor — voltamos às vezes a ser quem fomos antes de sermos este que irá saber quem somos." (Julio Cortázar, *Rayuela*, p. 523.)

Cerimônia
e estampa*

As estampas são cenas que atravessam o tempo e o espaço por meio de uma foto, uma gravura. Invocam a memória e a imaginação. Minha intenção é a de que as máscaras saiam do lugar da ornamentação e do decorativo para que tomem vida e nos falem de si. Especialmente que façam dizer. Quando alguém coloca uma máscara, produz-se uma reacomodação, um desmascaramento das máscaras habituais, do sentido comum, e aparecem outras.

Esta proposta cênica interroga o sujeito e a sociedade sobre suas próprias máscaras e sobre as estampas congeladas do imaginário social. Não dá respostas tranqüilizadoras. No entanto, parece ser importante encontrar um caleidoscópio de máscaras no cenário de um país ou de um mundo onde estas caem e se transformam com a velocidade de um *zapping*. É que se apropriar de determinadas cerimônias e máscaras cotidianas por meio do ritual cênico parece ser uma das funções-chave do teatral.

Quando tento levar o teatral ao público, a fantasmática que investigo em grupos com certo grau de privacidade, pretendo por um lado conservar, reproduzir normas que estão ligadas ao teatral mas, ao mesmo tempo, não posso deixar de vê-las como máscaras do que seria essencialmente o teatral. Sem me perguntar sobre essa essência e sem o questionamento do aparato teatral (texto, interpretação, voz, relação com o público etc.) o teatro é um objeto morto.

Novamente, o ornamental-decorativo.

A máscara, desse ponto de vista, ao modo da palavra poética sobre a linguagem, interroga, desmascara as cerimônias básicas de nossa sociedade.

---

* Artigo publicado no diário *Página/12*, em 29 de junho de 1990.

Na firmeza da proposta Estampa, pretende-se conservar uma certa ambigüidade que a máscara produz para não dar origem a histórias fechadas, unívocas, para deixar que o público as complete com sua própria fantasmática.

Na proposta estética, as estampas são marcadas pelo recurso técnico da detenção do jogo cênico ao modo da fotografia, e sua colocação em movimento.

Os comentários posteriores nos incentivaram no objetivo da proposta. As construções fantasmáticas não se tornaram propriedade do autor nem dos atores. Os espectadores deixam de sê-lo quando nos corredores, nos dias que se seguem, constroem suas próprias histórias sobre o que viram. Como o espectador anônimo, que descendo as escadas silenciosas do teatro, disse: "Este personagem com a máscara de Orfeu". Como não se emocionar ao sentir o entrelaçamento, chamado de intertextualidade por alguns, entre minhas histórias (que não incluíam explicitamente esse mito) e aquele espectador desconhecido.

Orfeu, que era músico, instituiu as festas dionisíacas na cultura grega. Na versão teatral de Anouilh, ele é um violinista que conhece Eurídice em uma estação de trem, enamora-se dela, mas perde-a por sua insistência em averiguar sobre seus amantes anteriores. Alguém a devolve, ele a recupera, mas com a condição de não lhe ver o rosto até a manhã seguinte. Ele continua perguntando, olha-a e ela morre.

O desejo de saber, a vida, a morte e o amor estão em nossa cotidianidade. As máscaras nos interrogam e nos falam das histórias básicas. O teatro pode variar as suas tonalidades quando representa a cena da fantasia no palco.

Diante da iminência da estréia

MOMENTO DE DESCONHECIMENTO

Diante da iminência da estréia, surgiram algumas perguntas. Qual é o fundamento desse trabalho? Como manter esses gestos ou essas personagens?

Nos ensaios, alguns atores manifestaram sensações relacionadas com o não saber o que estavam representando. Poderia definir como um momento de desconhecimento, que está multideterminado.

É freqüente que diante do objeto terminado fique difícil aceitá-lo como tal, o que é um medo de se encontrar com tudo o que ele representa.

O desconhecimento é um modo de se defender diante do que vem à luz, embora também seja um modo em que se torna patente aquele desconhecido que é iluminado pela máscara sobre o cenário.

A máscara tem uma larga história. Pode ser encarada sob vários pontos de vista. Desde as origens da humanidade, como uma história social e mítica; na história do teatro a partir de como foi utilizada pelas diferentes correntes teatrais e pelos diversos autores, diretores etc.

Como foi trabalhada em determinado teatro, grupo ou, inclusive, em determinada obra. A história retraça também o tema das origens, quanto ao início de seu uso como, por exemplo, nas festas dionisíacas, nas origens do teatro grego. Origem quanto à construção material ou quanto ao modo como foi utilizada anteriormente.

História quanto à sua construção material. Por construção pode-se entender não somente o momento em que ela é produzida, em que nasce, mas também como se vai carregando simbolicamente na medida em que vai sendo "usada".

Encontrar-se com a máscara é um duplo encontro. Com o conhecido e com o desconhecido. O desconhecido está ligado ao mistério, ao sagrado, aos deuses, ao que escapa do lugar da razão e ao que o indivíduo acredita dominar. Assim, é importante não depreciar a sensação de desconhecimento que nem ator, nem diretor, devem desprezar, dando condições para que o "espectador" possa jogar com seus desconhecimentos, com o "espírito do bem e do mal", e ver, pelo teatro de máscaras, o jogo dos deuses sobre o cenário.

Pode soar como um voltar ao teatro do simbolismo (Maeterlinck). Encaro como um retorno às origens do teatro no qual os deuses e os heróis da mitologia eram os protagonistas. Suas antecessoras são as festas dionisíacas cuja reencarnação atual é o carnaval.

Onde termina o teatro, e onde começa ou termina a festa? É difícil de se determinar. Isso nos leva, novamente, a perguntar sobre o essencial do teatro.

Esse perguntar não é um jogo intelectual. É a única possibilidade de sair dos rituais mortos da cultura e torná-los vivos. A máscara e o desmascaramento levam às perguntas. É o desmascaramento da cultura e da naturalização do cotidiano. Possivelmente, tem a ver, por meio da máscara, com as relações entre o vivo e o morto, o rosto, a pessoa e o inanimado, o familiar e o estranho. Não é essa uma das funções do teatro? Produzir um distanciamento entre um aspecto e outro, como modo de estender pontes ou de construir outras, de reelaborá-las. Não será, por acaso, o teatro de máscaras um dos modos de sair do teatro morto para passar a um vivo? O vivo inclui o desconhecimento, os questionamentos e a ambigüidade.

Meu teatro de máscaras joga com a ambigüidade. Numa proposta dramática intensa e definida, dá certo grau de liberdade ao ator, como ao espectador, na possibilidade de redefinir o texto oral, corporal, simbólico, semiótico, que vai sendo produzido. Dado o alto grau de ambigüidade, a produção de significação deve continuar sendo produzida pelos protagonistas do fato teatral, por mais que se tenha previamente definido um texto escritural e representacional.

Há um aspecto particular que está ligado às máscaras e à estética de meu trabalho. Em determinadas linhas teatrais planeja-se construir uma personagem e se descarta o que não tem a ver com ela. Vai se demarcando a significação, até que o círculo se feche. Com as máscaras, trabalho de modo inverso. Deixa-se aberta a significação, e esta continua produzindo, não se fecha em determinada personagem, a produção de significação continua, com o "agravante" de que, freqüentemente, um companheiro não vê a máscara do outro. Em um momento significa algo e, em outro, outra coisa. É a potenciação da ambigüidade, da produção de significação que teorizei a partir da estrutura carnavalesca.

Em alguns espetáculos, deixei-me levar pela ambigüidade, com o que se ressentiu a comunicação com o público.

Em *Estampas* tenciono, por um lado, continuar conservando e, ao mesmo tempo, gerar circuitos de entendimento que não deixem perplexos nem ator, nem espectador. Outro aspecto é o efeito de desconhecimento que a máscara produz, pela desestruturação de aspectos da identidade e a atuação do inconsciente do sujeito, do ator, do texto total, do espectador.

FUNDAMENTOS DO ESPETÁCULO E DO TEATRO COM MÁSCARAS

O mágico se destaca sobre o questionamento e a crítica amarga. A forma do espetáculo questiona, como presença, sua diferença de determinadas formas teatrais, embora faça parte dessa linguagem. É uma forma que corresponde ao nível de desenvolvimento de minha preocupação estética, onde o pré-cênico faz parte do material com o qual estou freqüentemente em contato.

O pré-cênico, que bordeja a cena como problemática... seria o material fantasmático central de meu trabalho.

Provavelmente, esse seja "o lixo", o não-metabolizável, o que deve ser descartado, a não ser que ele seja retraduzido dosadamente em estruturas com graus importantes de elaboração secundária, de figuralidade.

Comentários e textos que rodeiam "Estampas"

Cristo na cruz
"Pai, por que me abandonais?"

NOVO TESTAMENTO

"Envergonho-me de pensar que fazes assim. Mas a pergunta se torna mais intensa à medida que minhas forças, terrenas, vão se perdendo.

"Sei que me deste vida no ventre de minha mãe.

"Se teu espírito pôde ser carne, este sou eu. Mas ao sê-lo, percebia o roçar dos panos que me cobriam, tanto quanto o roçar dos outros. Assim, me unia a todos eles.

"Não é a dor dos cravos que atravessam as palmas de minhas mãos e o dorso de meus pés, que me faz perguntar desse modo.

"É essa perda da imediatez do amor terreno que, por ser efêmero, é mais ansiado.

"Sei que me reservaste outra luz, mas estou perdendo esta que me deste.

Perco a gravidez e finitude.
Vou adquirindo certa leveza.
Pai, não me abandones!
Perdoa-me."

A imagem de Cristo, seu diálogo tácito com Deus e a passagem vertiginosa à terrena luta circense "ninorrotense"* em *Estampas* é a perda dos deuses e das certezas da pós-modernidade. O "Deus está morto" nietzchiano. Mas a estampa continua sendo, flutuando e se repetindo.

A prévia família terrena através de Cristo se comunicou com Deus e se desvaneceu.

O atonalismo posterior das três máscaras, a desestruturação.

---

* Refere-se ao compositor italiano Nino Rota.

O homem que está só e espera, que sai da pensão, que tenta emergir, encontrar alguém no frescor da manhã recém-nascida, nas ruas vazias, nas vias mortas do bonde que nunca irá passar. Testemunhas, as vias, dos caminhos mortos já transitados que de modo porfiado apresentam o que não irá vir, embora seu som e a luz na noite continuem sendo reais. Mas lá, a mulher, o manequim, a falta de sol está destinada a lhe dar calor, a encontrar um ponto na imensidão do vazio para onde se dirigir, encontrar-se e aquecer-se até o limite de cair novamente no temor de ser devorado pela fera que está pronta a atacar.

"Mas o amor é um manto tépido que te protege dos monstros da cidade e te submerge nu em um mar gelado de tubarões famintos."

Estampas é como *Alice no país das maravilhas*. É uma Alice no mundo da pós-modernidade, da perda dos muros e das continências. Mas de busca.

Qual é a estética de "Estampas"?

Estampas se tranformou em um gênero. Esses textos são estampas intercambiáveis de tal modo que se alguém destacasse uma página poderia encontrar um texto, e logo outro, e em seguida encontrar uma ilustração do século XX e logo outra, da Idade Média. Da mesma forma, com a música, em que de um lado tenho Gardel e, de outro, tenho Beethoven e Charly Garcia. Qual seria a coerência desse conjunto? A do conjunto e da *collage*. A imagem de uma Bíblia interminável de Borges no *Livro de Areia* aproxima-se da imagem dessa estética. As máscaras usadas na desestruturação também questionam um tipo de coerência e apresentam outra, a da desestruturação que permite jogar com outras harmonias e ter uma certa paz com a heterogeneidade do mundo. Não exige do mundo uma harmonia que ele não tem.

Essa poética exige determinada coerência com o texto escrito, com a cenografia, com a coreografia, com a música etc. Também com o modo de atuação e com um espectador que aceite essa estética no teatro como a aceita em outros gêneros artísticos e na vida. Por exemplo, quando seus pensamentos vagam livremente e você pensa em coisas totalmente diversas. Assim, em uma situação de alegria, você pode estar pensando em algo triste etc. Ou quem está olhando pela janela de um ônibus e vai se defrontando com cenas totalmente diversas, e não lhe parece estranho que assim aconteça no cotidiano. Na arte está incorporado, por exemplo, na literatura (em *Ulisses* de Joyce), na pintura (*collage* de Berni), no cinema (*O ano passado em Mariembad*), no teatro (*Esperando Godot* de Becket). No teatro ainda há resistências em aceitar essa estética. Porém, há muitos antecedentes, como no teatro do absurdo e na dança do teatro-expressionista.

A beleza nessa poética relaciona-se com poder entrar em harmonia com essa heterogeneidade. É outra harmonia. Relaciona-se com a simultaneidade de cenas que exige outra lógica, além da de causa e efeito, para poder ser compreendida. É uma lógica poética (ver p. 59).

Mascarada

Uma das áreas de investigação que desenvolvemos no Instituto da Máscara é a expressiva e artística com máscaras. E, nela, colocamos a Mascarada.

Na Mascarada confluem a preocupação pela máscara, o corporal, a cena, a relação ator-espectador, a participação ativa do público, a problemática do espaço cênico, a relação com o texto prévio e a produção de sentido pelos atores, a criatividade plástica com técnicas acessíveis a um público não-iniciado, e com a possibilidade de "usar" esse produto artístico.

A Mascarada é um ato criativo onde o público participa fazendo suas próprias máscaras com técnicas simples e, em seguida, atua com elas em cenas e jogos corporais.

Nós a definimos como um espetáculo de participação ativa do público. O âmbito onde se realiza a Mascarada passa a ser um espaço cênico.

Na experiência, convida-se o público a fazer máscaras. Há mesas de trabalho onde, com técnicas e materiais acessíveis, as pessoas possam criar uma máscara. Em cada mesa reúnem-se de vinte a trinta pessoas, e um coordenador orienta essa etapa, que chamamos de modelagem de confecção de máscaras. Em seguida, passamos ao momento de colocá-las sobre o corpo. Assim, tornam-se diferentes jogos grupais centrados em torno da máscara colocada, mantendo-se o grupo no local onde foram criadas as máscaras.

Outra fase é a interação com máscaras de todos os participantes da mascarada. Hierarquiza-se o jogo, a possibilidade de relação com os outros, de fazer, por meio da máscara, a produção cênica, o trabalho corporal.

Em nossa experiência comprovamos que a máscara atua como um facilitador do jogo em geral, do jogo cênico em particular, e da participação, permitindo ao público ter uma atitude ativa.

Temos realizado mascaradas com cerca de cinqüenta pessoas, e outras com quinhentas. Cada uma teve desenvolvimentos diferentes, não apenas devido ao número de participantes, mas pelas diversas orientações que o próprio público gerou.

Nossa coordenação procura dar andamento e dirigir a Mascarada em etapas que permitam um bom clima para dar lugar a um espaço de jogo. Sintetizando, a Mascarada incluiria, em si, um aspecto de jogo e de espetáculo.

No sentido tradicional, é tanto um quanto outro. Não é um jogo, nem uma festa, nem um espetáculo, nem um ritual, e é tudo ao mesmo tempo.

Pavel Campenau, em *Semiología de la representación* (Semiologia da representação) fala de efeitos de caráter antinômico da relação ator-espectador. A primeira que aponta é a necessidade social de estabilidade e a função modificadora do teatro.

Cremos que na Mascarada essa função modificadora é muito intensa, alterando-se, assim, o ritual teatral. Este está ligado a:

1. Modificação do espaço cênico; já que todo espaço no qual se desenvolve a Mascarada passa a ser cenário;

2. São modificados os cânones de interpretação e de atuação, já que o eixo de motivação que gera "a obra" ou "o espetáculo" passa pela improvisação e se produz uma seqüência ao "vivo" de cenas espontâneas articuladas ou não entre si;

3. A participação ativa do público modifica a relação ator-espectador, e o protagonismo é maciço.

A intensidade da experiência da Mascarada abre para a necessidade de diferentes elaborações teóricas e implementações práticas nas quais estamos envolvidos.

A máscara tem sido utilizada desde as origens da humanidade. Não se pode entender o ritual cerimonial do ser humano primitivo sem pensar na máscara.

Mas isto não é privativo do ser humano primitivo; faz parte, também, embora de diferentes modos, do ser humano atual.

Acreditamos que a recuperação da máscara pelo indivíduo contemporâneo, e a possibilidade de jogar com ela lhe permite jogar com sua história universal, pessoal e com seus mitos.

A possibilidade de uma população interagir com máscaras (referimo-nos às máscaras que são parte essencial da constituição de uma sociedade, uma comunidade ou uma tribo) é um caminho privilegiado na integração tribal, comunitária, e na possibilidade de compreender e integrar as diferentes culturas regionais de uma nação.

Na Mascarada é ressaltado o caráter festivo. A festa é comunidade, é silêncio, é congregar-se, é criação de um outro tempo, que só ocorre quando há participação. Cada um pode estar dentro ou fora dela, parcial ou totalmente. A festa é liberdade. Nossa intenção é de que a Mascarada o seja.

VIII
Família

Família, máscaras e cenas

Não encontramos bibliografia sobre a prática com máscaras na psicoterapia familiar. Embora Andolfi tenha intitulado seu livro *Detrás de la máscara familiar* (Por trás da máscara familiar), o sentido é metafórico.

Junto com um sentido metafórico temos utilizado máscaras de diversos materiais, com um *setting* que inclui trabalho corporal, psicodramático e expressivo.

Pareceu-me importante apresentar conceitos, descrever e/ou mencionar técnicas que estão presentes nesse tipo de terapia, como modo de estimular um maior desenvolvimento desse campo que creio ser muito frutífero.

Acrescento citações de meus trabalhos anteriores, nos quais aparecem os fundamentos de meus trabalhos com máscaras.

A prática realizada em conjunto com terapeutas com formação psicanalítica e sistêmica, o ensino nos grupos de formação de terapeutas e coordenadores de grupo com diferente orientação teórica nos permite comprovar que essa práxis pode ser interpretada de diferentes posições.

Uma condição ideal que me interessa que se trabalhe em desenvolvimentos futuros é que a prática e a interpretação não sejam levadas de modo contrário ao que consideramos fundamental no uso das máscaras: *o aspecto desmascarador.*

A característica deste trabalho, que é a de apresentar, descrever ou mencionar uma propedêutica à prática com máscaras na terapia familiar, me compromete com futuros desenvolvimentos.

A família como máscara leva em conta a complexidade da estrutura, o simbolismo nela presente e a possibilidade de que haja outras máscaras que a definam.

A função terapêutica da máscara poderia sintetizar-se em:

a. aspecto desmascarante e reestruturante;

b. função balizadora: permite colocar máscaras, balizas, percursos fantasmáticos no corpo, na família, no mundo exterior;

c. função no metabolismo da fantasia, que se relaciona à função da construção de mitos;

d. elaboração do mapa fantasmático corporal e do mapa fantasmático familiar;

e. aspecto lúdico; permite realizar outros jogos, além dos habituais da família.

Junto com a função desestruturadora é imprescindível a função de reestruturação.

Situo a prática com máscaras dentro de uma poética na qual estão presentes cena, palavra, corpo, textos...

Pode-se pensar sobre qual é a poética implícita de uma família e qual é a do terapeuta. Provavelmente, a família não tem consciência da sua, mas é imprescindível que o terapeuta a tenha para que ele não seja levado a ser um personagem ou a construir uma cena sobre a família consultante. Ou melhor, para poder entrar e sair criticamente "dessa" poética.

Não deixa de ser importante a carga simbólica milenar da máscara, nem que ela tenha sido usada nas origens da humanidade, nos rituais primitivos. Máscara, corpo, som e movimento eram e continuam sendo os pilares desses rituais.

Nos fundamentos gerais de minha prática com máscaras interessa-me recuperá-la na função cotidiana sem perder seu valor histórico, mítico.

Deleuse[a], comentando Foucault, aponta correlações e ausência de correlações entre o visível, o enunciável e a microfísica do poder (p. 113).

"Indubitavelmente, o poder, considerado abstratamente, não vê nem fala. É uma terapia que somente se pode reconhecer por sua rede de galerias, seu esconderijo: 'é exercido a partir de inumeráveis pontos', 'vem de baixo'. Mas, precisamente porque não fala nem vê, faz ver e falar" (p. 111).

"Se as relações de poder incluem as relações de saber, estas, ao contrário, supõem aquelas."

"Se o poder não é uma simples violência, não apenas porque em si próprio passa por categorias que expressam a relação da força com a força (incitar, induzir, produzir um efeito útil etc.), mas também porque, com relação ao saber, produz verdade, na medida em que faz ver e falar" (p. 112).

Como jogar com as estruturas em nível familiar? As trocas de máscaras parecem ser jogos privilegiados para os deslocamentos dos vetores e modos de expressão das forças do poder.

"A característica mais geral de qualquer instituição... consiste em organizar as supostas relações de poder-governo, que são relações moleculares ou microfísicas em torno de uma instância molar: o soberano ou a lei no caso do Estado, o Pai, no caso da família" (p. 105).

A máscara do poder está implícita em minha prática com máscaras, na qual o ponto central é o efeito de desmascaramento. O que é desmascarado na situação familiar? As galerias e os esconderijos. Essas galerias não têm sentido único e, em suas paredes, os brasões são máscaras que no processo terapêutico vão modificando seus lugares, seu brilho e inclusive suas legendas. A história é reescrita, quando é possível.

Até agora, o que escrevi refere-se à prática com máscaras no plano terapêutico-corporal, grupal ou individual, e no plano expressivo e docente.

Algumas da elaborações poderiam ser transpostas para o campo da terapia familiar.

No livro *La máscara de las máscaras* (A máscara das máscaras), desenvolve-se o efeito desmascarador.

Em um trabalho posterior, "corpo, psicodrama e psicoterapia de grupo", aponto três momentos em um tratamento ou em uma sessão de terapia grupal.

O momento A é o da definição da cena, do mito familiar, o motivo da consulta. É o momento psicodramático e corporal. É, também, o da apresentação da máscara da família, o da definição da família no momento da consulta. Essa definição é diferente na família e no terapeuta. Muitas vezes, todo o tratamento é a tomada de consciência dessa definição que poderia permitir uma troca. Em outras, é simplesmente um primeiro passo no processo terapêutico.

O momento B é o de inclusão de máscaras. Diante da apresentação que a família faz da sua estrutura, de sua máscara, o terapeuta começa a fazer jogos de desestruturação. Ao incorporar as máscaras, essa desestruturação se acentua.

Classificamos as máscaras em máscaras personagens, máscaras neutras e maquilagem. Para poderem ser incorporadas, deve haver confiança no processo terapêutico e o efeito desestruturador produzido deve estar combinado com o efeito de estruturação.

O uso de máscara personagem é mais freqüente.

O descentramento produzido pela prática com máscaras sobre o papel desempenhado na situação familiar e sobre as personagens definidas pelas máscaras é altamente terapêutico para o grupo familiar. Poder trocar o centro da família implica trocar papéis, redes, textos, estruturação de jogos familiares etc.

Há uma oscilação entre os jogos estereotipados, com os quais a família chega para o tratamento, e os jogos com máscaras produzidos durante a sessão.

Fica a questão sobre a persistência, na família, das transformações produzidas no jogo. Deve-se voltar aos jogos estereotipados? Devem-se produzir trocas? Quais são os mecanismos? Como o terapeuta deve permitir a continuidade dessas transformações?

No "momento C de trabalho em lugares simultâneos", possibilita-se a simultaneidade de cenas, de personagens, de máscaras. Tenta-se sair de um centro único de produção de significação (mito familiar) para se passar à simultaneidade de lugares de produção de significação (criação de outras histórias, possibilitar e legalizar essas outras histórias no espaço de sessão).

No meu parecer, o terapeuta familiar deveria dar espaço a essa pluralidade de significação e de expressão, à pluralidade de vozes familiares.

A família poderá tolerar esse polimorfismo ou o mito familiar aceita apenas uma interpretação? Aqui, o terapeuta deve ser cuidadoso com a desestruturação produzida na sessão com máscaras.

Nesse sentido, deve-se definir as características das intervenções do terapeuta.

Nem sempre o que se ressalta é a desestruturação, pois o trabalho em lugares simultâneos pode dar continência, no espaço-tempo da sessão, ao polimorfismo familiar.

O polimorfismo familiar está determinado pelas constelações fantasmáticas, pelos lugares diferentes, pelas gerações, pelas histórias etc.

O trabalho com diferentes lugares e técnicas possibilita a subtração das *estruturas de poder* e da interpretação familiar predominante. Podemos, também, tomar a técnica de modo literal ou metafórico.

Literalmente, significa propor à família lugares diferenciados no consultório para que cada um dos integrantes (com diferentes técnicas) possa expressar sua fantasmática em suas diversas modalidades de expressão. Metaforicamente, significa não se preocupar em desenvolver os espaços expressivos, mas sim que o terapeuta possa ouvir a simultaneidade de cenas, vozes e canais expressivos.

Esse modelo talvez questione módulos de entendimento de estrutura familiar que tenta se aferrar a uma cena única, à cena como signo revelador de um refencial oculto, a uma "substância" que possa supostamente explicar o complexo dos fenômenos familiares.

Parece imprescindível que a família e o terapeuta também possam ouvir as diferentes versões, textos, que os membros da família dão de si próprios e dos outros.

A estrutura familiar dramática de cenas simultâneas, plurívocas corresponde à multideterminação na construção do discurso. Não é que não se possa investigar uma cena subjacente, mas junto com esta quero destacar a simultaneidade de cenas e vozes.

A terapia em lugares simultâneos — que "desconhece" certa unidade da estrutura grupal, que desconstrói o circular, do grupal, nos espaços terapêuticos, que reverte o protagonismo de uma estrutura familiar predeterminada formada por: a) protagonismos individuais carregados por seus nós fantasmáticos e b) pelas interações nessa desestruturação — leva a elaborar, de imediato, regras não de oposição, mas sim diferenciais ao funcionamento familiar habitual, que impõem outra modalidade diante do "autoritarismo" da modalidade familiar. Permite um campo diferenciado de interação.

Nos discursos do entrecruzamento aparecem diferentes lógicas. A estrutura carnavalesca parece ser um modelo sumamente útil para se entender a estrutura familiar.[1] Parece que existem discursos monológicos e dialógicos implícitos. Não pode ser de outro modo. Mas por corresponderem a lógicas diferentes, um não pode compreender o outro. Freqüentemente, o exercício do poder só acentua essa impossibilidade. A exigência de amor, transformada em seu contrário, não pode ser lida por outro membro do grupo familiar dentro do discurso monológico. Tampouco poderá se entender o caos adolescente, nem o caos, na sessão, por um terapeuta.

Se o terapeuta puder vislumbrar o jogo pendular entre os diferentes momentos, a ordem e o caos, ele poderá jogar de um lugar de contenção. É que esse lugar não é indiferente do vai-e-vem entre esses dois momentos.

NOTA

1. Ver capítulo II.

Tese, hipóteses, máscara sobre o familiar

1. A família pode ser entendida como uma máscara, mas máscara entendida como ocultamento e como revelação. O que há por trás de. A fachada. Não o que é falso. Todas as máscaras o são no sentido de que não há, na família viva, nenhuma máscara absoluta. Inteiramente falsa. Carregadas da verdade de suas histórias, que são suas marcas. Família como estrutura.

2. A máscara deve ser entendida como uma família. Qual é o lugar que a máscara ocupa em relação às outras? Qual é a família constitutiva de uma máscara? Quais são as complementares e quais são as opostas, as semelhantes, as sucessivas? Quais compõem uma família? Que número?

Embora haja uma só máscara, esta estará acompanhada, rodeada por uma série imaginária que compõe uma família.

3. A família, em determinado momento, decide colocar apenas um número x de máscaras entre as múltiplas possibilidades grupais e individuais. Por que escolhe aquelas e não outras?

As próprias máscaras não se referem às que o indivíduo coloca, mas também às que o grupo familiar vê ou lhe atribui.

O grau de dureza das famílias caracteriza-se pelo grau de *turnover* possível das próprias máscaras. Uso o termo *turnover* da biologia molecular. Ele se refere ao intercâmbio de moléculas em um tempo determinado. Aqui refiro-me ao intercâmbio familiar de máscaras. A dureza é inversamente proporcional ao *turnover*. Quanto maior ele for, maior será a "flexiblidade" familiar.

4. O terapeuta familiar deve poder ver as máscaras da família antes que seja incorporado ao sistema ou que lhe coloquem uma venda nos olhos.

Sua história familiar, o lugar que ocupa dentro de sua família e da relação com seus colegas e a profissão determinam a máscara do terapeuta, que não é única.

5. Nem tudo o que se vê pode ser executado. O terapeuta deve poder escolher os passos e os ordenamentos.

6. Esquematicamente, as teorias em terapia familiar e em psicoterapia são facilitadoras ou encobridoras.

Aderir a uma teoria sem questionar seus fundamentos e seus limites, sem jogar com sua transgressão, é ficar com o morto, com o dogma. Ser lacaniano, sistêmico, psicanalítico, kleiniano etc. pode significar uma plataforma de lançamento para a criatividade ou um encerramento em uma família diante do alheamento das famílias.

O trabalho com máscaras pode ser reinterpretado em diferentes esquemas de referência. Não se pode optar por um, como se este fosse uma equipe de futebol.

Um perigo é o dogmatismo, o outro é o ecletismo.

Em minha formação psicanalítica procuro me aproximar daquilo que alguns chamam de epistemologia convergente.

7. A máscara remete ao presente, ao passado e, provavelmente, ao futuro. O presente é o aqui e o agora do horizontal. Em um território ficam marcadas as dobras de dentro e de fora. Como passado, a máscara leva em si a carga simbólica de história e dos mitos. Futuro como repetição e/ou criação.

8. A máscara inclui "um" corpo, "uma" cena e "uma" fantasia.

9. Poder-se-ia considerar que existe uma máscara da família, e que existem, por sua vez, máscaras para cada um dos integrantes.

10. A máscara é couraça e emblema. A couraça remete ao corpo, emblema às cargas simbólicas (ver p. 130).

11. Trabalhar sobre construção, visualização e metabolização da máscara familiar é altamente terapêutico.

12. As máscaras estão presentes, mas devem ser reveladas e relevadas. Estão ocultas, mas também estão à vista. Certas configurações familiares permitem determinadas visualizações.

13. Uma pergunta ainda a ser respondida é se a potencialidade desmascarante balizadora desestruturadora da terapia com máscaras pode ser utilizada na terapia familiar.

14. Na terapia familiar há um jogo de

Desmascaramento - - - - - - - -Metaforização

15. A máscara na terapia familiar também exerce uma função mitopoética (produção de mitos).

A mecânica dessa função: quando na sessão familiar aparece uma máscara com um peso dramático determinado, produz-se um desequilíbrio

209

dos mitos fundantes do grupo familiar. Diante disso é necessário criar novos mitos. Devemos nos perguntar se estes são novos ou se são uma reacomodação dos já existentes.

16. *Técnicas*:

a. A máscara na investigação de papéis familiares fantasiados ou reais da novela familiar.

b. Relação da estrutra familiar com a imagem corporal e o mapa fantasmático corporal (ver p. 83) de cada um dos membros da família. Gisela Pankow assinala que a alteração na imagem corporal se relaciona com transtornos na estrutura familiar.

Quais são os membros da família que estão colocados em diferentes partes do corpo, representados com máscaras? Isso está relacionado com o quebra-cabeças do corpo descrito no livro *Las máscaras de las máscaras* (As máscaras das máscaras).

Rede familiar fantasiada em relação às imagens do corpo.

c. A família de uma máscara. A partir de uma máscara, uma família constrói uma família ficcional. Desse modo, são constituídas duas histórias: a da família real e a da ficcional.

d. Constelação de máscaras da família. Cada um dos membros escolhe várias máscaras para representar a família. Faz-se, por exemplo, uma escolha de vinte máscaras. Daí podem-se tirar correlações muito interessantes.

e. *Provador de máscaras:*

Todos os membros da família provam máscaras, espontaneamente, até ficar com uma em particular. A partir daí, podem-se desenvolver determinados tipos de dramatização, construções fantasmáticas etc.

f. Investigação de antepassados conhecidos ou fantasiados.

g. Cenas cotidianas.

Das técnicas enumeradas, a mais freqüente é o provador de máscaras. Em famílias com problemáticas psicossomáticas, são imprescindíveis as técnicas ligadas à elaboração do mapa fantasmático corporal e ao trabalho corporal.

Em nossa prática estão unidos a integração da estrutura familiar, o corporal, a cena e as construções fantasmáticas.

O sentido não é encher de técnicas nem dosar as máscaras para a família consultante. O terapeuta deve ter uma relação fluida com as famílias, cenas e máscaras. Deve saber ouvir. Mas a escuta não é passividade. Deve dar lugar ao silêncio e também à ação. A escuta não é somente com o ouvido. Os ouvidos devem poder ver, como os olhos ouvir.

210

IX
Palavras
e máscaras

Nexos:
Adolescência

O texto sobre adolescência foi escrito anos antes de eu definir "a poética do desmascaramento". Sem dúvida, mostra poética tanto do terapeuta como do paciente.

Foi uma época em que a adolescência mostrava claramente os estribos de uma cordilheira em mim. Esta, a adolescência, nunca se termina de perder. Por sorte. Tem a ver com o não defender a identidade, jogar com ela, crer na onipotência da ilusão e dos ideais, não renegar os pecados da juventude, poder mover-se não somente com as certezas, buscar novos caminhos.

A adolescência é a idade do jogo com as máscaras. Da busca deseperada, prazerosa, com a qual se identificar, sentir-se querido, identificado, diferenciado, ser ouvido, ter um lugar no mundo.

O adolescente, quando não sofre de um desejo feroz de adaptação, questiona, simplesmente com sua presença, a "seriedade" da identidade, interroga sobre o que é ou não normal. É um malabarista das máscaras.

Criatividade e máscaras em grupos de adolescentes[1]

Há um limite que os adolescentes percorrem entre a criatividade e a repetição. Poderíamos encarar como lugares opostos à relação entre:

criatividade *versus* repetição:
- destruição
- perversão
- depressão
- violência

Limite que em alguns momentos não é claro.

Existiria mais do que uma linha, uma zona-limite, imprescindível, de experiência. Imprescindível quanto ao jogo das identidades.

Em nossa prática, uma das definições que damos ao nosso trabalho institucional no Instituto da Máscara é a de um espaço de jogo. Isto é, tentamos criar condições adequadas para poder atuar nessa zona de transição, fazê-lo com as diferentes identificações, transformar em elaboração o que confunde o adolescente.

Pensamos na elaboração como condição para a criatividade. É um passo imprescindível. E, por outro lado, a criatividade como modo de jogar com a elaboração.

Winnicott aponta o espaço da criatividade como o espaço do jogo, um espaço transicional entre a criança e a mãe, entre o mundo interno e o externo. Este é o espaço do jogo, da cultura, da arte.

A adolescência é o período da irrupção da genitalidade e a perturbação diante disso, seus incômodos e suas acomodações na constelação familiar (ressurgimento do complexo de Édipo) e social. Tem presença dramática a pergunta sobre o lugar do adolescente. Contatar com estas pulsões é altamente perturbador.

A criatividade se produz quando o desejo sai da busca repetitiva de um objeto e plasma no espaço transicional, em um objeto, algo que tem a ver com a fantasmática pessoal. É quando o inconsciente aparece e "voa" no mesmo ritmo que "este", que não deixa de insistir. A criatividade está ligada à vida, mas também à morte e à destruição. em vários sentidos. Por exemplo:

• Luto do adolescente na infância em relação aos pais e ao corpo.

• Luto pelo produto criado, que exige vida própria; pelo elaborado, no sentido de passar para outra fantasia como perda do mito que continha o sujeito.

Diante dessa zona de transição, é diferente a atitude de cada sociedade democrata ou ditatorial, consumista ou de infraconsumo.

Os anos de ditadura limitaram, na Argentina, esse lugar de transição e de criatividade que, para sobreviver, precisou procurar saídas particulares. A zona de transição não é uma carga para a sociedade, e sim uma inversão.

A prática com máscaras produz, imediatamente, um efeito de desmascaramento, de desestruturação, gera condições ideais para se incursionar nessa zona.

É uma zona de afirmação e de ruptura de identidades e, ao mesmo tempo, de confusão e discriminação. A prática corporal psicodramática, com máscaras, transforma as sessões terapêuticas ou de jogo em um laboratório onde se pode experimentar, em um espaço adequado, as diferentes personagens, as diferentes máscaras.

Em outro trabalho mostramos a simultaneidade de cenas que o recurso das máscaras produz. Como a sessão se transforma em uma *collage* de cenas.

Que efeito isso produz no adolescente?

Deve haver a possibilidade de transformá-lo todo, de poder jogar com a mudança, mas, ao mesmo tempo, contar com regras de jogo claras.

Eu diria polimorfismo formal, entendido como diversidade de possibilidades expressivas, junto com um *setting* claro, não rígido. O que permite incluir o polimorfismo pulsional e erógeno.

ADOLESCÊNCIA E IDENTIDADES

A partir do trabalho com máscaras, alguns dos pontos-chave da problemática da identidade na adolescência se evidenciam em torno do masculino e do feminino, do ativo e do passivo, da reação diante da agressividade, onipotência-impotência, adolescência e diferentes etapas vitais, e das transformações da imagem corporal.

Quando alguém coloca uma máscara, produz-se um efeito de desmascaramento. O ocultar produz um revelar, um contato com outras máscaras, que leva a desestruturar as próprias máscaras, o *pool* de máscaras com as quais o indivíduo se relaciona consigo próprio e com os outros.

Isso redefine, portanto, o tema das identificações e da desestruturação da:

- Imagem corporal.
- Constelação de personagens que conformam o mundo interno.
- Estrutura grupal.

SITUAÇÕES CLÍNICAS

' No início de uma sessão o clima estava muito tenso e o silêncio era prolongado. Decido-me por usar máscaras, com um propósito exploratório.

Peço aos pacientes que escolham a máscara que quiserem, que as coloquem, vejam-se no espelho, distribuam-se pelo espaço, adotem uma posição corporal em relação à máscara e, em seguida, sugiro a possibilidade de emitirem sons e de se moverem livremente. Um dos pacientes coloca a máscara do Mickey Mouse e começa a rir cada vez mais de uma companheira, que se sente empurrada pela risada contra uma das paredes do consultório e, à medida que o faz, a máscara fica somente sobre a metade direita do rosto.

Em seguida, os pacientes comentam as diferentes sensações que tiveram: como o que usou a do Mickey Mouse viu-se impelido a essa ação sem poder resistir. No decorrer da sessão e nas sessões seguintes revelam-se diversos significados por meio da dramatização com ou sem máscaras, associações, interpretações etc. Nessa sessão pude espacializar, na cena dramatizada, o que estava aprisionado no clima tenso e no silêncio do começo da sessão.

Com esse exemplo apenas me propus a mostrar como a máscara catalisou essa passagem para a dramatização e lhe deu determinados conteúdos (exemplo: Mickey Mouse) que logo foram analisados no processo terapêutico.

No "quebra-cabeças do corpo" investiga-se a imagem corporal do paciente, as fantasias subjacentes a determinadas zonas corporais, a colocação em movimento, e determinadas modificações. Também pode ser usado na investigação da fantasia sobre o corpo do grupo.

É pedido aos pacientes que escolham máscaras para representar seu corpo, e que as disponham sobre o chão na ordem em que cada um achar conveniente. A partir daí, abrem-se diferentes possibilidades de trabalho.

Transcreverei o relato de um paciente adolescente sobre o quebra-cabeças do corpo. Ele utilizou várias máscaras às quais deu o nome de: Sandokán, Palhaço, Daniel, Robot, o Maldito etc.

"Do lado de fora do circo chovia. O bebê, Daniel, olhou em volta. O globo o agradava, mas não o deixava ver o cenário. Apenas a cara do palhaço aparecia por instantes. Tinha medo. Os olhos do palhaço pareciam vazios, iguais aos dos outros personagens, Sandokán e o Maldito. Mas estes riam. Curiosamente, o palhaço estava triste. De repente surgiu um personagem misterioso, o Robot, com seus olhos fixos, eletrizantes e deles brotou um resplendor deslumbrante.

Daniel escondeu-se atrás do globo, mas a luz que o seguia quase o cegava.

Bruscamente, tudo ficou negro, escuro e apenas a silhueta do rosto do velho, pálido e frio, apareceu como um pesadelo.

Acenderam-se as luzes. A banda anunciava o fim da função, o fim daquele pesadelo. Daniel saiu correndo sem o seu globo.

O ato de colocar as máscaras em diferentes partes do corpo estabelece a relação com a representação da imagem corporal. Seu aprofundamento por determinadas técnicas corporais, dramáticas e expressivas permite a passagem ao mapa fantasmático corporal como momento de complexidade na relação com a Imagem do Corpo.

O texto produzido pelo paciente, além de ser um elemento expressivo, é um modo de reordenar e se apossar das fantasias em torno do corpo.

Poderiam ser feitas várias interpretações diferentes deste texto. Junto com a interpretação, interessa-nos a produção do texto, o próprio ato como elemento de elaboração.

Vemos que os olhos cheios e vazios e a luz aparecem repetidamente.

A luz (as associações posteriores o foram definindo) relaciona-se com o desejo, que queima e esvazia os olhos, olhos que se deslumbram pelo desejo, que podem perseguir, que devem se ocultar. Mas o transitivismo fica para outra época. Por mais que se trate de não ver a ação, a pulsão, seu corpo, a função transcorre igualmente. "Já não somos crianças", dizia o poeta. Quando as luzes se acendem, tudo fica igual. Apenas... perdeu-se o globo.

Cremos que neste texto e no quebra-cabeças do corpo há uma tentativa criativa de simbolizar a passagem da infância para a adolescência.

COLOCAÇÃO DAS MÁSCARAS NA PSICOTERAPIA DE ADOLESCENTES

Na psicoterapia de grupo com adolescentes incorporamos o uso sistemático das máscaras.

A adolescência é uma etapa da vida do sujeito na qual as máscaras (refiro-me às máscaras próprias do indivíduo) voam, caem, fixam-se, racham, aprovam-se, repudiam-se. Há uma aceleração no intercâmbio até que esse ritmo vai se freando no final da adolescência, quando existe um grau maior de estruturação do caráter (do eu).

O adolescente é um especialista em máscaras, não perdoa a solenidade nem a rigidez.

É um momento álgido na formação da personalidade, quando ela vai se definindo (justamente por meio da definição da pessoa, nos aproximamos da definição das máscaras). Por outro lado, não deixamos de nos perguntar se em uma etapa de tanta crise o uso das máscaras não é muito desestruturador.

Creio que tal pergunta esteja relacionada ao *timing* não somente pelo uso das máscaras, mas também pela intervenção terapêutica.

Nesse sentido, seguimos o critério de Winnicott de ir acompanhando o paciente durante todo o processo terapêutico. Tolerar a passividade, o adormecimento e inclusive a letargia nas sessões não é menos importante do que utilizar técnicas de mobilização.

Qual é o momento em que as técnicas de mobilização se transformam em atuação do terapeuta e quando a passividade e a abstinência são, refletem ou demonstram a desconexão ou a incompreensão do terapeuta em relação ao mundo do adolescente?

Independentemente da resposta que se possa dar, é importante que o terapeuta defina esses questionamentos, que se relacionam com a identidade profissional. Questionamentos que têm a ver com um ponto-chave do desenvolvimento do adolescente: *a identidade*. Vemos que as problemáticas dos pacientes e dos terapeutas se entrecruzam. Não pode ser de outro modo.

Uma particularidade dos adolescentes é a grande credibilidade que eles têm pelo mundo das máscaras.

Eles nos lembram a atitude do homem primitivo diante do sobrenatural.

Terá a ver com a capacidade intelectiva do adolescente?

Nós a relacionamos com a fluidez da estrutura do caráter, da identidade não-consolidada. Daí o modo particular de entrada no imaginário e as características das defesas egóicas.

O processo terapêutico deverá dar estímulos ou caminhos tanto desestruturantes quanto estruturantes, tanto regressivos quanto organizadores. Em seu transcurso, o adolescente poderá vivenciar modelos nos quais sejam válidos tanto o primário quanto o secundário, a razão e a fantasia.

Alguns terapeutas ressaltam o aspecto resistencial dos adolescentes ao tratamento. É verdade que o adolescente precisa se proteger diante da velocidade das mudanças. Mas também há a resistência do terapeuta.

Ele pode se mimetizar com as resistências do paciente, colocar-se no lugar de quem sanciona a pré-genitalidade na "genitalidade adulta consolidada". Também pode acompanhar o paciente em sua viagens, ensaios,

218

criatividades: apontando os estancamentos, as fixações, a inconseqüência em sua criatividade.

Desse ponto de vista, não vemos a adolescência como lugar de resistência, previnimos diante da possibilidade de que o terapeuta possa se colocar no lugar da resistência a partir de um suposto saber. Que não é saber quando não se pode conectar com a complexidade da vida dos adolescentes.

NOTA

1. Este trabalho foi apresentado no Congresso Internacional de Psicoterapia de Grupo realizado em Zagreb, em 1986, e publicado no livro *Temas grupales por autores argentinos* (Temas grupais por autores argentinos).

Máscaras hoje; as máscaras na cultura[1]

POR QUE A MÁSCARA?

Eu o simbolizaria em duas máscaras.

Uma máscara mexicana que nos apresenta o latino-americano, as raízes, a terra, o indígena, a carga simbólica da máscara.

Outra, uma máscara feita por uma paciente que freqüenta o Instituto, que transforma sua dor, seu sofrimento, em um objeto com certa beleza, com uma possibilidade de representação que nos transporta a *As máscaras hoje* em seu cotidiano mais simples e mais complexo.

Cotidiano do privado, da intimidade, do familiar, da identidade.

Cotidiano do público, onde a máscara é nó das redes das relações sociais.

Cotidiano que tem a ver com um país careta-máscara.

É que a máscara relaciona-se com um ocultar e um revelar.

A vida pública está ornada de máscaras. As máscaras pintadas, as picadas de vespa,[2] as alegres, do *boom* da Bolsa.

Há espaço para o outro na Argentina dos finais do século XX?

Mas não é só na Argentina. A Guerra do Golfo catapultou a polaridade entre as máscaras de paz *versus* as máscaras de guerra.

Por que a máscara está convocando para esta jornada? Como definir essas jornadas? Por que a máscara?

Pensei em outras jornadas. Pensei nas comunidades primitivas dançando em volta do fogo, pedindo por chuva ou por caça, dançando com som, com música e com máscaras.

Pensei nas saturnais romanas, nas festas dionisíacas. Dioniso era o rei do vinho, com ele se representa o desenfreado, o caos criador.

Pensei em alguns atos sacramentais da Idade Média, onde se representava a paixão de Jesus Cristo, seu sacrifício.

Pensei no carnaval como atividade participativa, onde se produzem cerimônias que se dissipam com a magia do momento, onde cada cena tem a produtividade do encontro com o outro, onde o ator é autor, onde o solene se transforma em humorístico.

Creio que essas jornadas, com seus painéis, representações teatrais, exposições, oficinas e mascaradas, têm algo de cerimônia tribal, saturnal, sacramental, carnavalesca.

Não pretendemos com essas breves palavras fazer um informe que sirva de linha teórica ideológica para o trabalho dessas jornadas.

Creio que é o contrário. Linhas conceituais foram definindo um modo de organização e de expressão e, por sua vez, as máscaras expostas, as diferentes atividades, a participação de vocês, vão dando e darão, *a posteriori*, o leito principal do alinhamento teórico ideológico.

Parece que a máscara esteve presente com muita força nas comunidades primitivas, mas não é assim em nosso cotidiano.

O título das jornadas tem a intenção de ressaltar e destacar a presença da máscara em nossos dias.

É um fenômeno complexo.

Algumas das características que foram se definindo a partir do trabalho com máscaras, desta prática que pretende ser desmascaradora, são comuns em outras práticas culturais que se definem por si próprias como desmascaradoras:

• Acesso à verdade não como lugar essencial prévio, mas como lugar de produção de significação.

• Verdade como diálogo, como encontro com o outro.

• Insistência nas múltiplas vozes da realidade, da multiplicidade de vozes e certa pretensão de conviver com elas.

• Lugar privilegiado da palavra, mas também do além dela, que tem a ver com o silêncio e com o corporal.

• Busca do gozo estético, não só no refinamento da obra terminada, mas em seu processo de criação e no fato da recepção ativa pelo outro.

• Identidade, não como lugar de congelamento, mas como "integração das milhares de almas que se alojam em cada membro, órgão ou articulação do corpo individual".

A máscara, dizemos: ao ocultar, revela.

Este jogo de ocultar e revelar está ligado ao tema da verdade.

Verdade não como descobrimento de uma substância por fora do sujeito, mas como produção de verdade na qual ele está implicado.

Verdade como revelação que tem a ver com a luz, com o dar espaço à luz.

Duas das máscaras expostas parecem ser constituídas por duas cabeças.

É muito freqüente, também, que em dramatizações e em exercícios com máscaras alguém coloque uma máscara no rosto e outra na nuca.

As significações são múltiplas e também as histórias geradas por essas imagens. Um dos fenômenos é o do duplo.

Alguns dos que descrevem essa imagem chamam-na de bifronte. Esta é a representação do deus Janus, da mitologia romana.

Janus deriva etimologicamente de Diana, cuja raiz é *dius* ou *dium*, que significa céu luminoso.

Também parece derivar de *div* (dividir); o que terá a ver com a divisão, com a visão da unidade da pessoa na multiplicidade de aspectos ou de máscaras?

É o Deus do céu luminoso, o das origens e do princípio de tudo o que existe.

Abria o céu à luz e era quem o fechava.

Presidia as portas privadas e públicas, reais e ideais.

Na vida privada, era o deus das portas e das aberturas por onde a luz entrava nas casas.

Saturno dotou Janus com a possibilidade de ver tanto o passado como o futuro, por isso o olhar para trás e para a frente da figura.

De Janus vem januário, janeiro. Janus presidia todos os começos, o ano, os meses, os dias.

Na preparação dessas jornadas, na vida cotidiana, há portas que se abrem e outras que se fecham. Às vezes o passado nos sustenta e, em outras, nos espreita.

A máscara dá sempre passagem ao outro e, nessas passagens, muitas vezes se produz algo assim como uma luminosidade.

Há palavras que deixam o outro passar, permitem certa luminosidade, palavras que caem como máscaras e outras que acedem à verdade como a palavra poética.

Nesse começo de jornada, com Janus, que o passado nos sirva para fertilizar este presente, para poder espreitar e nos dar força para o futuro.

NOTAS

1. Palavras de abertura das jornadas "Máscaras hoje; as máscaras na cultura" organizadas pelo Instituto da Máscara, realizadas no Museu de Artes Plásticas E. Sívori e no Teatro Municipal General San Martín, Prefeitura da Cidade de Buenos Aires, em maio de 1991.
2. "É uma picada de vespa", respondeu o presidente quando lhe perguntaram por certo edema que tinha no rosto. Muitos afirmaram que eram restos de cirurgia plástica.

Conheço-te, mascarazinha[1]

Através de seu trabalho, Buchbinder propõe uma articulação complexa entre psicanálise, corpo, jogo, psicodrama e máscara. O questionamento do valor dramático da máscara lança luz, dentre outras coisas, sobre o papel do ator e sobre o efeito "congelante" de algumas máscaras na sociedade.

— *Qual é a função da máscara dentro da proposta da cena?*

— Muitas vezes, no teatro, o sentido da máscara é a construção da personagem, como na Comédia da Arte. Nosso trabalho parte de uma colocação diferente; alguém põe uma máscara e esta produz um efeito desmascarador, isto é, conecta-a com outras máscaras. A pergunta é como conduzir a cena; como combinar o aspecto desmascarador com as regras básicas do significado do trabalho sobre o cenário. Outro ponto passa pelo tema da identidade profissional do ator. Quando o ator fica estereotipado em determinada máscara, gesto, tique ou em uma entonação particular, e não só o ator, mas também um bailarino que, para expressar o amor, permanece em um gesto repetitivo que, com o tempo, não quer dizer nada.

— *Qual a sua leitura de uma sociedade como a nossa, que indica que as máscaras irão se petrificar cada vez mais?*

— Esta é uma sociedade na qual, por um lado, caem muitas máscaras: o presidente é "picado por uma vespa", alguns militares são "caras-pintadas"; a fisionomia do mundo também muda (fala-se do muro de Berlim, que caiu). Às vezes surge a necessidade de que apareçam máscaras petrificadas para que se pense que o mundo continua o mesmo: pensa-se, então, que a identidade é uma essência na qual você pode se ver; dizem-nos: "Olhe na TV que você irá se encontrar". Alguns utilizam a máscara para confirmar isso. Nossa idéia do trabalho com máscaras, em troca, propõe legitimar "o outro" da cultura oficial, o que não deve aparecer, o que aparece como lixo, como loucura; diante de uma cultura congelada, dá-se lugar a outra, popular, criativa e participativa.

— *Antigamente, era este o valor da máscara?*

— Claro, isso se relaciona com o carnavalesco, no sentido em que se recuperam os jogos nos quais se rompia a solenidade, o temor diante da morte, diante do destino; no carnaval todos aparecem em um mesmo plano. Um é ator e, ao mesmo tempo, autor, espectador. Este é um dos sentidos do carnavalesco em minha orientação do trabalho com a máscara.

— *O que é a Mascarada?*

— A Mascarada é uma prática questionadora do ritual tradicional do teatro, porque modifica o espaço, o lugar do ator e do espectador. As pessoas participam fazendo suas próprias máscaras com técnicas plásticas simples e, em seguida, atuam entre si em cenas breves e jogos corporais. O ambiente onde se realiza a Mascarada passa a ser um espaço cênico. A confecção é um processo cerimonial. É uma situação de criação de imagens, onde cada um se apodera da imagem. Assim, a máscara é um objeto artístico que não fica pendurado nas paredes, mas que toma vida. Os antecedentes dessas Mascaradas foram os atos com os quais participamos no Theatron em 77; ali apareceram personagens que refletiam a situação em plena ditadura; em 82 apresentamos, no Teatro Aberto, *As caras de minhas máscaras* e outra peça em Dança Aberta. Em seguida, em 90, estreamos *Estampas* no Teatro Nacional Cervantes. Eram diferentes histórias familiares, diferentes imagens significativas: amor, ódio, luta, relação com Jesus Cristo, que formavam um caleidoscópio de máscaras no cenário do país.

— *Nesses espetáculos elaborados no cenário, em que sentido a máscara modifica a relação com o espectador?*

— Conto-lhe uma história. Em *Estampas*, quando o público entrava na sala, havia um manequim no cenário; a seu lado, um ator com uma máscara olhando para a platéia permanecia quieto durante a entrada do público. O ator concentrava-se olhando para uma cadeira. Ninguém jamais sentou-se na cadeira para a qual ele olhava. Criavam-se relações muito intensas.

— *Você fala muito das "máscaras congeladas do imaginário social". Quais são essas máscaras?*

— São máscaras relacionadas com o poder, com a moral, como as crianças devem ir para a escola (com que máscara), como deve ser uma mulher, como deve sorrir ou pintar os olhos. Isso fala da impotência da sociedade para incorporar "o outro" da cultura na relação social. Estas são as máscaras congeladas que impedem que os seres humanos possam se conectar com a cultura de modo criativo, apropriando-se dela.

— *O uso de determinada máscara social não é condição de se pertencer a um grupo?*

— Isso faz parte dos aspectos autoritários da sociedade; fala-se muito de liberalismo, mas somos uma sociedade autoritária.

— *Em uma sociedade "livre" não haveria máscaras?*

— Uma frase diz que o homem não existe sem uma máscara; o argumento é que ele possa se permitir jogar com as diferentes máscaras. Em toda sociedade existem máscaras; a fluidez para usá-las indicaria o grau de liberdade.

— *Em que medida o teatro contribui para essa consciência liberadora?*

— O teatro teria de permitir o jogo com máscaras, e não se colocar no lugar da estereotipagem; daí a função social do ator e de sua responsabilidade quando se estereotipa, já que não apenas empobrece a si próprio, mas também empobrece aqueles que o assistem.

NOTA

1. Reportagem publicada em *La Voz del Interior*, Córdoba, 14 de maio de 1991.

Primeira jornada sobre o corporal e o psicodramático[1]

Prezados colegas:

No Instituto da Máscara, que dirigimos, consideramos a participação desse Encontro Internacional como uma ocasião para compartilhar com profissionais de diversas áreas uma problemática que constitui a própria história de nossa instituição. Referimo-nos à relação entre o corporal e o psicodramático, o expressivo e o terapêutico. Em nossa trajetória, ao longo dos anos, temos fundamentado nossa prática profissional em relação a essas questões.

Qual é o fim específico do trabalho corporal? Que relação se estabelece entre corpo e psicodrama e de que modo o campo expressivo se diferencia e se relaciona com o psicoterapêutico?

A máscara é, para nós, não somente um elemento técnico e que facilita, mas também nos mostra constantemente a fundamentação teórica de sua inserção. "O corpo não aparece por acaso, e nem como um simples recurso. O corporal é um dos pilares fundamentais de nosso trabalho. No centro da máscara está o corpo e também no centro do corpo está a máscara."

Convocamos aqui os profissionais da área corporal, já que pensamos que seu intercâmbio com aqueles provenientes do psicodramático e do grupal será enriquecedor.

Nossa preocupação como coordenadores da área *Corpo e psicodrama* é que esta ofereça momentos teórico-conceituais e uma ocasião onde, por meio de oficinas ou *workshops*, os participantes possam se introduzir em uma prática corporal com maior ou menor relação com o psicodramático.

Redefine-se qual é a relação entre corpo, psicodrama e grupo. Interroga-se qual é a definição de corpo que manejamos de modo implícito ou explícito.

Deveríamos, então, saltar sobre oposições falsas que estão fundamentadas em uma tradição filosófica que sustenta que na mente estaria o ser e, no corpo, aquilo que o obstrui; ou de outra forma, que é insuperável, que no corpo estaria a verdade e, na palavra, o que escamoteia, o falso. Poderíamos dizer que o corpo é a memória da história libidinal do sujeito. Ao dizer libidinal, estamos nos referindo ao corpo marcado pela sexualidade, corpo do desejo, corpo da palavra, corpo da castração.

Quando alguns autores dizem que o psicodramatista não trabalha com o corpo, estão hierarquizando nesse momento o instrumental, o técnico, acima do fundamental do psicodramático, que é um sujeito em um drama, na constelação de personagens que o constituem, onde o corpo e a palavra não podem estar separados. O mesmo acontece ao se falar de psicanálise; se dissermos que se trata da palavra ou do falar, em oposição ao corpo, estaremos vivendo o superficial da técnica, não levando em conta que a palavra é corpo, como corpo é palavra.

Então, qual é a função do trabalho corporal e o que o mobiliza? O que é trazido da memória do sujeito? O que se apresenta no aqui e agora de cada sessão, de cada trabalho corporal?

Não haveria uma resposta única. Existem diversas linhas de investigação e de experimentação, diferentes correntes de pensamento que sustentam um modo particular de se relacionar com sensibilização, conscientização corporal, relaxamento, contato, tônus muscular, energia, gestos etc. Muitas das diversas correntes de abordagem e de pensamento encontram-se presentes neste Encontro. Consideramos que nos encontramos diante de uma constelação sempre conflitiva entre corpo, cena e palavra, onde cada um dos vértices é modificado pelo outro. É freqüente cair-se na armadilha da metáfora do corpo, da cena ou da palavra sem poder influir dentro dessa articulação complexa.

É que para a prática corporal, por exemplo, muitas vezes esse corpo feito de bordas e sinais, marcado por sua história libidinal, cria armadilhas com suas sensações proprioceptivas, suas percepções articulares, suas armaduras energéticas, sua temperatura, seu drama sem solução entre tensão-relaxamento, entre dor e prazer, entre osso e músculo. Como se a simbolização fosse uma instância distante, como se esse sinal perdesse a cena, a emoção, a imagem, a palavra que lhe dá sentido.

Assim, em minha prática psicodramática não se deve perder de vista a projeção fantasmática e cênica do corpo.

Consideramos a relação entre corpo, cena e palavra como um modelo articular, conflitivo. Se a atenção está no corpo, deve-se poder saber redimensionar a significação da cena e da palavra. Se a atenção está na palavra, redimensionar o discurso, pois a palavra é corpo. Digamos com uma frase de Massotta que "na medida em que se trata do desejo e do gozo, o que está em jogo no campo da teoria psicanalítica é o *corpo* do sujeito".

Até aqui tratamos de assinalar a relação entre o corporal, o psicodramático e o psicoterapêutico. Outra área de integração imprescindível é a da relação com o expressivo, com a criatividade e com o jogo. Aqui surgem, novamente, interrogações, inquietudes, sobre o expressivo como possibilidades das capacidades criativas do ser humano.

Algumas respostas encontradas nesta trajetória continuam sendo tentativas, desencadeadoras de novas interrogações a serem compartilhadas.

Para finalizar, não podemos deixar de mencionar a inserção dessa área no Contexto Social e na Saúde Mental que nos leva à pergunta de qual corpo estamos falando.

Na Argentina, em 1985, e não só na Argentina, o corpo que se apresenta nos hospitais, nos consultórios, nos estúdios, leva a marca desses últimos anos. Na palavra corpo está incorporado o corpo torturado, o corpo da dor, do medo, da desnutrição, da fome e, também, da esperança.

Alegra-nos profundamente compartilhar este Encontro com vocês. Além de todas as possibilidades de intercâmbio, de aprofundar perguntas e respostas, de discussões e aproximações, pensamentos depois desses anos de silêncio, este Encontro é uma forma indubitável de recuperar o corpo, de recuperar o humano.

NOTA

1. Palavras de abertura das Primeiras Jornadas sobre o Corporal e o Psicodramático, Congresso Internacional de Psicodrama e Psicoterapia de Grupo, Buenos Aires, Centro Cultural San Martín, agosto de 1985.

Bibliografia

ABRAHAM, T. *Los senderos de Foucault.* Nueva Visión, Buenos Aires, 1989.

ADORNO, T. *Teoría estética.* Madri, Orbis, 1984.

AGREN, G. *Aquí.* Lima, Peru, Nido de Cuervos, 1992.

ALEMAN, J. & LARRIERA, S. *Lacan: Heidegger. Un decir menos tonto.* Buenos Aires, Letra Viva, 1989.

ANDOLFI, M. *et alii. Detrás de la máscara familiar.* Buenos Aires, Amorrortu, 1985.

ANZIEU, D. *El grupo y el inconsciente.* Madri, Biblioteca Nueva, 1978.

ARISTÓTELES. *Poética.* Emecé, Buenos Aires, 1947.

AUGE, M., DAVID, M., MÉNARD, J., LANG, L. & MANNONI, O. *El objeto en psicoanálisis. El fetiche, el cuerpo, el niño, la ciencia.* Buenos Aires, Gedisa, 1987.

BACHELARD, G. *La poética de espacio.* México, Fondo de Cultura Económica, 1965.

BAJTIN, M. *La cultura popular en la Edad Media y en el Renacimiento. El contexto de François Rabelais.* Madri, Alianza Editorial, 1988.

————. *Problemas de la poética de Dostoievski.* México, Fondo de Cultura Económica, 1986.

BARTHES, R. *El placer del texto y lección inaugural.* México, Siglo XXI, 1986.

————. *E grano de la voz.* México, Siglo XXI, 1983.

————. *Mitologías.* México, Siglo XXI, 1980.

BAUDRILLARD, J. *De la seducción.* Espanha, Cátedra, 1989.

BION, W. R. *Experiencias en grupos.* Buenos Aires, Paidós, 1963.

BIOY CASARES, A. *Clave para un amor,* Losada-*Página/12,* Buenos Aires.

BORGES. J. L. *El libro de arena.* Buenos Aires, Emecé, 1975.

BUCHBINDER, M. "Cuerpo y Psicodrama". *Revista Argentina de Psicodrama, y Técnicas Grupales.* Nº 2, ano 3, maio 1987, p. 24.

————. "Creatividad y máscaras en grupos de adolescentes". *Temas grupales por autores argentinos.* T. II. Buenos Aires, Ediciones Cinco, 1988.

————. "Cuerpo, psicodrama y psicoterapia de grupo". *Temas grupales por autores argentinos.* Buenos Aires, Ediciones Cinco, 1987.

————. "Formación e identidad". *Temas de Psicología Social,* ano12, Nº 10, nov. 1989.

————. "Trabajo en lugares simultáneos y estructura carnavalesca". *Revista de Psicologia y Psicoterapia de Grupo.* T. II, nº 3 e nº 4, Buenos Aires, out. 1989.

BUCHBINDER, M. & MATOSO, E. "Las máscaras de las máscaras. Experiencia expresiva corporal terapéutica". Buenos Aires, Letra Viva, 1980.

———. *Informe oficial al Encuentro Internacional de Psicodrama y Psicoterapia de Grupo*. Buenos Aires, 1985.

———. "El probador de máscaras". *Temas grupales por autores argentinos*. T. II. Buenos Aires, Ediciones Cinco, 1988.

BUCHBINDER, M. & MARTÍNEZ BOUQUET, C. "Reflexiones sobre un grupo luego de su disolución". *Acta Psiquiátrica y Psicológica de América Latina*. 1978, pp. 24-132.

CALABRESE, O. *El lenguaje del arte*. Barcelona, Paidós, 1985.

CASTORIADIS-AULAGNIER, P. *La violencia de la interpretación*. Buenos Aires, Amorrortu, 1977.

CASULLO, N. (org.). *El debate modernidad pos-modernidade*. Buenos Aires, Puntosur, 1989.

CERVANTES SAAVEDRA, M. *Don Quijote de la Mancha*. Ts. I y II. Buenos Aires, Sopena, 1954.

CHEJOV, A. *Cuentos completos*. Madri, Aguilar, 1957.

DE TORO, F. *Semiótica del teatro*. Buenos Aires, Galerna, 1989.

DE WAELHENS, A. *La psicosis*. Madri, Ediciones Morata, 1973.

DELAS D. & FILLIOLET, J. *Lingüística y poética*. Buenos Aires, Hachette, 1973.

DELEUZE, G. (a) *Foucault*. Buenos Aires, Paidós, 1987.

———. (b) *Nietzsche y la filosofía*. Barcelona, Anagrama, 1986.

DERRIDA, J. *De la gramatología*. 3ª ed. México D.F., Siglo XXI, 1984.

———. *Espolones. Los estilos de Nietzsche*. Espanha, Pre-textos, 1981.

———. *La desconstrucción en las fronteras de la filosofía*. Barcelona, Paidós, 1989.

———. *La tarjeta postal de Freud a Lacan y más allá*. México, Siglo XXI, 1986.

———. *Posiciones*. Valencia, Espanha, Pre-textos, 1977.

DESCOMBES, V. *Los mismo y lo otro*. Madri, Cátedra, 1982.

DOLTO, F. (a) *La imagen inconsciente del cuerpo*. Barcelona, Paidós, 1986.

DOLFO, F. & NASIO, J. D. (b) *El niño del espejo. El trabajo psicoterapéutico*. Argentina, Gedisa, 1987.

DUCROT, O. *Polifonía de la comunicación*. Barcelona, Paidós, 1986.

ELIOT, T. S. *Cuatro Cuartetos*. Buenos Aires, Ediciones del 80, 1981.

ECO, U. *Obra abierta*. Barcelona, Planeta-Agostini, 1985.

ECO, U., IVANOV, V. V. & RECTOR, M. *Carnaval!* México, Fondo de Cultura Económica, 1989.

FENICHEL, O. *Teoría psicoanalítica de las neurosis*. Buenos Aires, Paidós, 1966.

FERNÁNDEZ, A. M. *El campo grupal. Notas para una genealogía*. Buenos Aires, Nueva Visión, 1989.

Foucault, M. *Esto no es una pipa. Ensayo sobre Magritte*. Barcelona, Anagrama, 1981.

———. *Foucault Live*. Nova York, Semiotext (e), 1989.

———. *La arqueología del saber*. México, Siglo XXI, 1990.

———. *Las palabras y las cosas*. México, Siglo XXI, 1989.

FREUD, S. (a) "Esquemas del psicoanálisis". Buenos Aires, Amorrortu, 1979, XXIII.

———. (b) El hombre de los lobos. Buenos Aires, Amorrortu, 1979, XVII.

———. (c) Más allá del principio del placer. Buenos Aires, Amorrortu, 1979, XVIII.

———. (d) "Psicología de las masas y análisis del yo". Buenos Aires, Amorrortu, 1979, XVII.

———. (e) Personajes psicopáticos en el teatro. Madri, Biblioteca Nueva, 1968, t. III.

———. (f) Manuscrito K, número 46 (Viena, 30-5-96). Madri, Biblioteca Nueva, 1968, t. III.

———. (g) La interpretación de los sueños. Madri, Biblioteca Nueva, 1968, t. I.

GADAMER, H. *La actualidad de lo bello*. Barcelona, Paidós, 1991.

GALENDE, E. *Historia y repetición*. Buenos Aires, Paidós, 1992.

GREEN, A., LAPLANCHE, J., LECLAIRE, S. & PONTALIS, J. B. *El inconsciente freudiano y el psicoanálisis francés contemporáneo*. Buenos Aires, Nueva Visión, 1976.

HEIDEGGER, M. *¿Qué es eso de filosofía?* Buenos Aires, Sur, 1960.
———. *¿Que es metafísica? y otros ensayos*. Buenos Aires, Siglo Veinte, 1983.
———. *Arte y Poesía*. México, Fondo de Cultura Económica, 1982.
———. *De camino al habla*. Barcelona, Ediciones del Serbal, 1987.
———. *El ser y el tiempo*. México, Fondo de Cultura Económica, 1968.
HELBO, A. *Semiología de la representatición*. Barcelona, Editorial Gustavo Gili, 1978.

JAKOBSON, R. *Lingüística y poética*. Madri, Cátedra, 1985.
JONES, E. *Hamlet y Edipo*. Barcelona, Madragora, 1975.

KAËS, R. (a) *Revista Argentina de Psicodrama y Técnicas Grupales*, SAP, nº 2, ano 3, Buenos Aires, 1987, p. 26.
KAËS, R. *et. alii*. (b) *La institución y las instituciones*. Buenos Aires, Paidós, 1989.
———. (c) *Crisis, ruptura y superación*. Buenos Aires, Ediciones Cinco, 1979.
KATNOR, T. *et alii*. *Espacio de Crítica e Investigación Teatral*, nº 10, Buenos Aires, Espacio, 1991.
KESSELMAN, H. & PAVLOVSKY, E. *La multiplicación dramática*. Buenos Aires, Ayllu, 1989.
KRISTEVA, J. *Loca verdad*. Madri, Editorial Fundamentos, 1985.
———. *La Semiótica*. Madri, Editorial Fundamentos, 1981.
KRISTEVA, J. *et. alii*. *El trabajo de la metáfora*. Barcelona, Gedisa, 1985.

LACAN, J. *Apertura de Seminario del 10 de noviembre de 1978*. Imago 12, Letra Viva, Buenos Aires, nov. 1985.
———. *Escritos*. Ts. I e II. México, Siglo XXI, 1976.
———. *Aún*. Barcelona, Paidós, 1981.
———. *El Yo en la teoría de Freud y en la técnica psicoanalítica*. Buenos Aires, Paidós, 1983.
———. *La ética del psicoanálisis*. Buenos Aires, Paidós, 1991.
———. *Los escritos técnicos de Freud*. Barcelona, Paidós, 1981.
LAGACHE, D. *El fantasma inconsciente*. Buenos Aires, A Peña Lilo editor, 1977.
LANDI, O. *Devórame outra vez*. Buenos Aires, Planeta, 1992.
LAPLANCHE, J. "El psicoanálises: ¿historia o arqueología?", Trabajo del Psicoanálisis, v. 2, 5, México D.F., 1986.
———. *El inconsciente y el ello*. Buenos Aires, Amorrortu, 1987.
———. *La sublimación*. Buenos Aires, Amorrortu, 1987.
———. *Vida e muerte em psicoanálisis*. Buenos Aires, Amorrotu, 1973.
LEBOVICI S., DIATKINE, R. & KESTEMBERG, E. "Metodología y técnicas. Balance de diez años de práctica psicodramática en el niño y en el adolescentes". *Cuadernos de psicoterapia*, Buenos Aires, Genitor, vol. III, nº 1, 1968.
———. "Psicodrama y psicoanálisis". *Cuadernos de Psicoterapia*. Buenos Aires, Genitor, vol. III, nº 2, 1968.
LE GUERN, M. *La metáfora y la metonimia*. Madri, Cátedra, 1985.
LECLAIRE, S. *Desenmascarar lo real*. Buenos Aires, Paidós, 1975.
LEMOINE, G. & P. (a) *Una teoría del Psicodrama*. Buenos Aires, Granica, 1974.
———. (b) *Jugar Gozar. Por una teoría psicoanalítica del psicodrama*. Barcelona, Gedisa, 1980.
LÉVI-STRAUSS, C. *La identidad*. Barcelona, Ediciones Petrel, 1981.

MAIACOVSKY, V. *Obras escogidas*. T. I, Buenos Aires, Platina, 1957.
MALLEA E. *La bahía de silencio*. Buenos Aires, Sudamericana, 1966.

MANNONI, O. *La otra. escena*. Buenos Aires, Amorrortu, 1973.

MARTÍNEZ BOUQUET, C. *Fundamentos para una teoría del psicodrama*. México, Siglo XXI, 1977.

MARTÍNEZ BOUQUET, C., MOCCIO, F. & PAVLOSKY, E. *Psicodrama psicoanalítico en grupos*. Buenos Aires, Kargieman, 1970.

MARX, K. *Manuscritos: economía y filosofía*. Madri, Alianza, 1968.

MASOTTA, O. *Lecciones de introducción al psicoanálisis*. México, Gedisa, 1983.

MATOSO, E. *El cuerpo, territorio escénico*. Buenos Aires, Paidós, 1992.

MERLEAU-PONTY, M. *Fenomenologia de la percepción*. Barcelona, Ediciones Península, 1975.

MORENO, J. L. *Psicodrama*. Hormé, 1974.

MOCCIO, F. & MARTÍNEZ MARRODÁN, H. *Psicoterapia grupal. Dramatizaciones y juegos*. Buenos Aires, Búsqueda, 1976.

NASIO, J. D. *El silencio en psicoanálisis*. Buenos Aires, Amorrortu, 1988.

———. *En los límites de la transferencia*. Buenos Aires, Ediciones Nueva Visión, 1987.

———. *La voz y la interpretación*. Buenos Aires, Ediciones Nueva Visión, 1987.

NIETZSCHE, F. *Así habló Zarathustra*. Espanha, Bruguera, 1981.

———. *Ecce Homo*. Buenos Aires, Siglo Veinte, 1986.

———. (a) *El nacimiento de la tragedia*. Madri, Alianza, 1977.

PANKOW, G. *El hombre y sus psicosis*. Buenos Aires, Amorrortu, 1974.

PARMÉNIDES-HERÁCLITO. *Fragmentos*. Espanha, Orbis, 1983.

PAVIS, P. *Diccionario del teatro*. Barcelona, Paidós, 1980.

PAVLOVSKY, E. & KESSELMAN, H. *Espacios y creatividad*. Buenos Aires, Búsqueda, 1980.

PAZ, O. *Arbol adentro*. Barcelona, Seix Barral, 1988.

PERCIA, M. *Notas para pensar lo grupal*. Buenos Aires, Lugar Editorial, 1991.

PICHON RIVIÈRE, E. *El proceso grupal. Del psicoanálisis a la psicología social (I)*. Buenos Aires, Nueva Visión, 1983.

PIZARNIK, A. *Obras completas*. Buenos Aires, Corregidor, 1990.

PUGET, J., BERNARD, M., CHÁVEZ, G. G., & ROMANO, E. *El grupo y sus configuraciones, Terapia psicoanalítica*. Buenos Aires, Lugar Editorial, 1982.

REICH, W. *La función del orgasmo*. Buenos Aires, Paidós, 1974.

ROBBE-GRILLET, A. *El espejo que vuelve*. Barcelona, Anagrama, 1986.

ROSA, N. *Léxico de lingüística y semiología*. Buenos Aires, Centro Editor de América Latina, 1991.

SARTRE, J. P. & HEIDEGGER, M. *Sobre el humanismo*. Buenos Aires, Sur, 1960.

SCHEINES, G. *Juguetes y jugadores*. Buenos Aires, Editorial de Belgrano, 1981.

———. *Los juegos de la vida cotidiana*. Buenos Aires, Eudeba, 1985.

SERCOVICTH, A. *El discurso, el psiquismo y el registro imaginario. Ensayos semióticos*. Buenos Aires, Nueva Visión, 1977.

STEINER, G. *Lenguaje y silencio. Ensayos sobre la literatura, el lenguaje y lo inhumano*. México, Gedisa, 1990.

TEODOROV DUCROT. *Diccionario enciclopédico de las ciencias del lenguaje*. Buenos Aires, Siglo XXI, 1981.

TRÍAS, E. *Filosofía y carnaval y otros textos afines*. Barcelona, Anagrama, 1984.

VALENZUELA, L. *Cola de lagartija*. Buenos Aires, Bruguera, 1983.

VATTIMO, G. *En fin de la modernidad*. México, Gedisa, 1986.

———. *El sueño y la máscara*. Barcelona, Ediciones Península, 1989.

———. *Introducción a Heidegger*. México, Gedisa, 1991.

————. *Introducción a Nietzsche*. Barcelona, Península, 1987.

————. *La sociedad transparente*. Barcelona, Paidós, 1990.

————. *Más allá del sujeto*. Barcelona, Paidós, 1989.

VATTIMO, G. & ROVATTI, P. *El pensamiento débil*. Madri, Cátedra, 1988.

VERDIGLIONE, A., DELEUZE, G., KRISTEVA, J., ROSOLATO, G., OURY, J. *et alii*. *Psicoanálisis y semiótica*. Barcelona, Gedisa, 1980.

WINNICOTT. *Realidad y juego*. Buenos Aires, Granica, 1972.

YAÑES CORTÉS, R. *El concepto psicoanalítico de repetición*. Buenos Aires, Catálogos, 1985.

ZITO LEMA, V. *Conversaciones con Enrique Pichon Rivière. Sobre el arte y la locura*. Buenos Aires, Timerman, 1976.

Mario Buchbinder nasceu em Buenos Aires, Argentina. É médico, formado pela Universidade de Buenos Aires, psicanalista, psicodramatista e especialista em trabalho corporal expressivo. É sócio-fundador da Sociedade Argentina de Psicodrama e fundador do Instituto de la Máscara. Escreveu e dirigiu obras de teatro, numerosos artigos, e é convidado freqüente de congressos, conferências e seminários, no país e no exterior. Seus enfoques teórico e clínico são respeitados pelo equilíbrio entre a rigorosidade acadêmica e a originalidade inovadora. É co-autor do livro *La máscara de las máscaras* (1980). Seu primeiro livro individual é *Poética do desmascaramento*.
No Brasil participou de *O jogo no psicodrama*, editado pela Ágora (1995).

------------ dobre aqui ------------

ISR 40-2146/83
UP AC CENTRAL
DR/São Paulo

CARTA RESPOSTA
NÃO É NECESSÁRIO SELAR

O selo será pago por

SUMMUS EDITORIAL

05999-999 São Paulo-SP

------------ dobre aqui ------------

A POÉTICA DO DESMASCARAMENTO

ÁGORA
CADASTRO PARA MALA DIRETA

Recorte ou reproduza esta ficha de cadastro, envie completamente preenchida por correio ou fax, e receba informações atualizadas sobre nossos livros.

Nome: _____
Endereço: ☐ Res. ☐ Coml. _____
CEP: _____ - _____ Cidade: _____ Estado: _____ Tel.: ( ) _____
Profissão: _____ Professor? ☐ Sim ☐ Não Disciplina: _____

1. Você compra livros:
☐ em livrarias ☐ em feiras
☐ por telefone ☐ por reembolso postal
☐ outros - especificar: _____

2. Em qual livraria você comprou esse livro? _____

3. Você busca informações para adquirir livros:
☐ em jornais   ☐ em revistas
☐ com professores ☐ com amigos
☐ outros - especificar: _____

4. Sugestões para novos títulos: _____

5. O que você achou desse livro? _____

6. Áreas de interesse:
☐ psicologia   ☐ saúde/corpo
☐ psicodrama   ☐ astrologia contemporânea
☐ crescimento pessoal/alma ☐ ensaios
☐ depoimentos pessoais

7. Gostaria de receber o Ágora Notícias? ☐ Sim ☐ Não
8. Gostaria de receber o catálogo da editora? ☐ Sim ☐ Não

Indique um amigo que gostaria de receber nossa mala direta

Nome: _____
Endereço: ☐ Res. ☐ Coml. _____
CEP: _____ - _____ Cidade: _____ Estado: _____ Tel.: ( ) _____
Profissão: _____ Professor? ☐ Sim ☐ Não Disciplina: _____

Distribuição: Summus Editorial
Rua Cardoso de Almeida, 1287 05013-001 São Paulo SP Brasil Tel (011) 872 3322 Fax (011) 872 7476

cole aqui